I0385405

www.ingramcontent.com/pod-product-compliance
Lightning Source LLC
Chambersburg PA
CBHW050239120526
44590CB00016B/2148

* 9 7 8 1 9 1 2 6 9 9 2 7 8 *

شناخت
روح‌القدس
از طریق عهدعتیق

ISBN 978-1-912699-27-8
90000
9 781912 699278

شناخت روح‌القدس از طریق عهدعتیق

کریستوفر رایت

مترجم: ع. امینی
ویراستار: نادر فرد
طرح جلد: اندی ساوتون

انتشارات پارس ۲۰۲۳
کلیهٔ حقوق برای ناشر محفوظ است

شابک: ۸-۲۷-۹۱۲۶۹۹-۱-۹۷۸

Knowing
the Holy Spirit
through the Old Testament

Christopher J. H. Wright

Text copyright © 2006 by Christopher J. H. Wright,
Originally published in English under the title Title
Knowing the Holy Spirit through the Old Testament

This translation is published by arrangement with
The Piquant Agency.

All rights reserved.

Persian Translation © 2022 Pars Publications

Reprint: 2023

Translated into Persian by: E. Amini
Edited by: Nader Fard
Cover Andy Southan

Persian Translation Published by:
Multimedia Theological Training Limited
P. O. Box 66099, London, W4 9FE, UK

publications@parstheology.com
www.parsonlineshop.com

ISBN 978-1-912699-27-8

فهرست مطالب

مقدمه ۹

فصل اول: «روح، آفریننده» ۱۳
بر فراز و متکلم: روح‌القدس و کائنات ۱۴
نگاهدارنده واحیاکننده: روح‌القدس و زمین ۱۹
دمیدن و ترک کردن: روح‌القدس و انسان ۲۶
ناله و زایش: روح‌القدس و خلقت تازه ۳۱
نتیجه‌گیری ۳۴

فصل دوم : روح توان‌بخش ۳۵
قدرت و توانایی ۳۸
قدرت با فروتنی ۴۴
نتیجه‌گیری ۶۱

فصل سوم: روح نبوت ۶۳
انبیای دروغین و روح‌شان ۶۶
انبیای خدا و روح خدا ۷۵
نتیجه‌گیری ۸۵

فصل چهارم: روح مسح‌کننده 87
مسح و پادشاهان تاریخ اسرائیل 90
مسح و آمدن پادشاه خدمتگزار 93
مسح و مأموریت عیسای مسیح 112
مسح و مأموریت کلیسا 115
نتیجه‌گیری 119

فصل پنجم: روحی که می‌آید 121
اشعیا ۳۲: آفرینش نو و عدالت 122
حزقیال ۳۶-۳۷: احیا و قیام 126
یوئیل ۲: توبه و احیا... 135
نتیجه‌گیری 154

مقدمه

در آگوست سـال ۲۰۰۴، برگزارکنندگان همایش «افق نو» در ایرلند شـمالی از من دعوت کردند پیرامون مفهوم "روح‌القدس در عهدعتیق" در پنـج بخش درس‌هایی ارائه دهم. وقتی این مطلب را با دوسـتانم در میان گذاشـتم، برخی با تعجب گفتند: «حتـی یکی از این مباحث را هم به‌سختی می‌توان پوشــش داد.» دلیل دوستانم منطقی بود، چرا که سطح آگاهی بسـیاری از مسـیحیان پیرامون هویت، حضور و تأثیر روح خدا پیش از واقعهٔ پنطیکاست، بس محدود می‌نمود.

دلیـل این امر، عدم باور مسـیحیان به وجـود روح‌القدس پیش از پنطیکاست نیسـت، چرا که آنها به تثلیث اعتقاد دارند. مشکل آنجاست که هرگز متوجه وسـعت عمل و حضور روح‌القدس در قرن‌های پیش از ظهور مسـیح نشده‌اند. شاید هم هیچ‌وقت عهدعتیق را نخوانده‌اند، اما بیایید با خوش‌بینی این گزینه را در نظر نگیریم.

هنگام تهیهٔ این مجموعهٔ پنج‌قسمتی، خودم نیز متوجه شدم که چقدر بیشتر از آنچه فکر می‌کردم مطلب برای گفتن وجود دارد. کاوش من در

لغت‌نامه‌ها و نرم‌افزارهای کتاب‌مقدس به‌تدریج به‌طرز قابل توجهی بر حجم منابع می‌افزود و پی بردم که سخن دوستانم متین و صحیح است. غیرممکن بود که بتوان تنها با توضیح پنج بخش از کلام، حق مطلب را ادا کرد. از این‌رو، پنج موضوع عمده را انتخاب کردم که همانا سرفصل‌های این کتاب را تشکیل می‌دهند. به‌یاد دارم در پایان ارائهٔ این دروس در ایرلند شمالی بسیاری مراتب تعجب خود را به من ابراز کردند. آنها هیچ‌وقت متوجه نشده بودند چه حجمی از عهدعتیق در مورد حضور و عمل روح خدا بوده است. چنین بود که ایدهٔ نوشتن این کتاب به ذهنم خطور کرد.

چند سال پیش کتابی تحت عنوان «شناخت عیسی در عهدعتیق» نوشتم. نوشتن آن کتاب نیز نتیجهٔ این باور بود که نمی‌توان هویت و مأموریت عیسی را بدون عهدعتیق به‌درستی شناخت، همان‌گونه که تنها می‌توان عهدعتیق را در پرتو نور مسیح به‌درستی درک کرد، زیرا مسیح عهدعتیق را به کمال می‌رساند.

این کتاب نیز چنین باور راسخی را در بطن خود می‌پرورد. روح‌القدسی که با قدرتی چشمگیر در عهدجدید، چه در خدمات عیسای مسیح چه در روایت رسولان و الهیات پولس می‌بینیم همان روح خدای اسرائیل در عهدعتیق است.

پس اگر می‌خواهیم به درکی جامع از روح‌القدس در کلام خدا دست یابیم و اگر برآنیم تا به تجربه‌ای عمیقاً متأثر از کلام خدا پیرامون حضور و قوت روح خدا در زندگی‌مان برسیم، یقیناً به یاری عهدعتیق نیاز داریم.

شایان ذکر است که این فصول را نمی‌توان به‌عنوان راهنمای چگونه پر شدن از روح‌القدس یا تقدیس شدن با آن در نظر گرفت. هدف این فصول توضیح عطایای روح خدا یا به بار آمدن میوه‌های روح نیست. اگرچه هریک از این موارد در جای خود تعالیم مهمی پیرامون شاگردی مسیح در عهدجدید هستند.

اگر عطایا، میوه‌ها، پر شدن و تقدیس برای ما اموری مهم‌اند، آیا تا به‌حال از خود پرسیده‌ایم که از چه شخصی این مواهب را می‌طلبیم؟

آیا بخشـــندهٔ همهٔ این هدایا را می‌شناسیم؟ او روحی است که بر خلقت می‌دمد و حیات را بر زمین قوام می‌بخشد. او روحی است که قوت‌بخش اعمال نیرومندانهٔ خادمان خدا طی نســـل‌های متمادی اســـت. او روحی اســـت که از طریق انبیا ســـخن می‌گوید و تعهد نسبت به خدا را در آنان برمی‌انگیزد تا حقیقت را بیان کرده، برای استقرار عدالت ثابت‌قدم باشند. او روحی اســـت که پادشاهان و در نهایت مســـیح، پادشاه خدمتگزار را مســـح می‌کند. و او روحی است که توســـط آن کل خلقت در نهایت در مسیح و از طریق مسیح و برای مسیح احیا می‌گردد. آیا او را می‌شناسیم؟ آیا متوجه هستیم که وقتی از او دعوت می‌کنیم به‌دنبال چه هستیم؟ بلی، نمی‌توان روح خدا را منفک از مسیح و عهدجدید شناخت. اما زیر بنای این شناخت نیز تنها در گرو درک عمل و حضور روح خدا در عهدعتیق است.

شایسته است که از نورمن سینکلر و مابقی اعضای همایش «افق نو» به جهت دعوت‌شان برای ارائهٔ سباحث طرح شده تشکر کنم. آماده کردن این مطالب خود برکتی برای من بود. دعا می‌کنم که محتویات این کتاب که به‌خصوص در دو فصل آخر مورد بازبینی و بسط بیشتر قرار گرفته‌اند مایهٔ برکت خوانندگان باشد.

هر نسل تازه، شاهدی بر عمل روح خدا به‌عنوان خداوند و بخشندهٔ حیات است. از این‌رو، این کتاب را به دو نوهٔ تازهٔ خانواده‌ام تقدیم می‌کنم.

کریستوفر رایت

فصل اول

«روح، آفریننده»

روح خدا که به‌زعم برخی تنها از روز پنطیکاست ورودی باشکوه در حیات قوم خدا داشت، در واقع در آیهٔ دوم کتاب پیدایش، اولین کتاب کتاب‌مقدس، قدم به صحنه می‌گذارد.

> «در آغاز، خدا آسمانها و زمین را آفرید. زمین بی‌شکل و خالی بود، و تاریکی بر روی ژرفا؛ و روح خدا سطح آبها را فراگرفت.» (پیدایش ۱:۱-۲)

در ابتدا، در همان آغاز داستانِ کلام خدا، و در شروع پدید آمدنِ کائنات، روح خدا بر فراز هستی قرار دارد و متکلم است. همچنین رابطهٔ روح‌القدس و زمین را می‌بینیم. روح است که به زمین تازگی و امکان تداوم می‌بخشد. رابطهٔ روح و انسان را نیز می‌بینیم که همانا دمیدن و ترک کردن است. و سرانجام، باید به رابطهٔ روح و خلقت تازه نظر کنیم، رابطه‌ای مبتنی بر ناله و زایش.

بر فراز و متکلم: روح‌القدس و کائنات

پیدایش ۱:۱، اولین آیهٔ کتاب‌مقدس تأییدی است بنیادین که جهان‌بینیِ کتاب‌مقدسی بر آن استوار می‌شود.

خـــدای واحد زنده همه چیز را در اطراف، بـــالا و در زیر می‌آفریند. هســـتی کائنات به‌خاطر عمل خدا اســـت. آیهٔ دوم تصویر آفرینش را در مرحلهٔ آغازین به نمایش می‌گـــذارد، تصویری تاریک و پر هرج و مرج. یکـــی از ترجمه‌های کتاب‌مقدس با همین واژه‌ها آن را ترجمه می‌کند. و نیز یکی از سروده‌های قدیمی می‌گوید:

خداوندا! تاریکی و هرج و مرج،
چون کلام نیرومندت را شنیدند،
گریختند.

عناصر شـــکل‌دهندهٔ خلقت در این تصویر حضور دارند اما همچون مواد خام هنوز به شـــکل جهانی که می‌شناسیم درنیامده‌اند. اما روح خدا نیـــز در این صحنه حضور دارد. برای اولین بـــار با تنوع معانی واژهٔ روح (رواَخ) در زبان عبری روبه‌رو می‌شـــویم. برخی ترجمه‌ها از آن به‌عنوان «باد خدا» یا «بادی ســـهمگین» که بر آبها می‌دمد یاد می‌کنند. رواَخ معنی 'باد' و 'نَفَس' می‌دهد، و بدین‌سان به حقیقتی نادیدنی اما بسیار نیرومند و تأثیرگذار اشاره دارد. اما در این متن نویسنده به احتمال زیاد به روح خدا اشاره دارد و به آن وجهه‌ای شـــخصی می‌دهد چرا که برفراز آب‌ها قرار می‌گیرد. باد می‌وزد ولی جایگاه خاصی برای وزیدن در نظر نمی‌گیرد. پس منظور این نیســـت که هوای ابتدای آفرینش بادی بود. صحنه نمایانگر آن است که روح نیرومند خدا همچون پرنده‌ای که بر آشیانه‌اش بال می‌زند، بر فراز خلقت قرار دارد و آمادهٔ عمل اســـت. واژهٔ «بر فراز» به اوج گرفتن عقابی می‌ماند که در آسمان به‌دقت همه چیز را زیر نظر دارد و آماده است جوجهٔ نوبال خود را بگیـــرد. در کتاب تثنیه ۳۲:۱۱ تصویر عقاب بر فراز جوجه‌هایش، خدایی را به تصویر می‌کشد که از قوم خود مراقبت می‌کند.

اما عمل آفرینش در پیدایش ۱:۳ آغاز می‌شــود، وقتی خدا تاریکی را مخاطب قرار می‌دهد. در تمام کلام خدا، رابطه‌ای نزدیک بین روح خدا و کلام او وجود دارد. نزدیکترین رابطهٔ این دو زمانی اســت که واژهٔ ’رواَخ‘ در کنار واژهٔ ’نِه‌شــاماَ‘ قرار می‌گیرد. ’نِه‌شــاماَ‘ نیز به معنای نَفَس اســت. هریک از این واژه‌ها، و یا هر دو در کنار یکدیگر، مُعرفِ کلام خلق‌کننده و نیرومند خدا هستند و این‌چنین عمل الهی در این آیه آغاز می‌شود.

ایوب قدرت، حکمت، نَفَس یا روح، دست و نجوای خدا را به همهٔ اعمال عظیم آفرینش نســبت می‌دهد. او این واژه‌ها را به شکل موازی و در هماهنگی زیبا با یکدیگر بیان می‌کند.

«به نیروی خویش دریا را آرام می‌سازد
به حکمت خویش رَهَب را قطعه قطعه می‌کند
به روح او آسمانها زینت داده شده‌اند و
دست او مار تیز رو را سُفته است
به‌راستی که اینها تنها حواشی طریق‌های اوست،
چه نجوای آرامی از او می‌شنویم!
اما رعد جبروت او را کیست که درک تواند کرد؟»
(ایوب ۲۶:۱۲-۱۴)

قوم اســرائیل در عهدعتیق نه فقــط در تعالیم کتاب پیدایش بلکه در پرســتش خدا را به‌عنوان خالق می‌شــناختند. مزمور ۳۳ تأملی عمیق در مورد خدای خالق است و نقش همزمان کلام و روح او را در پدید آمدنِ خلقت، برجسته می‌سازد. در این مزمور واژهٔ ’رواَخ‘ به‌کار نمی‌رود، ولی رابطه‌ای بســیار نزدیک بین کلام و دم خدا در آن وجود دارد و این قطعاً به روح خدا اشاره می‌کند.

مزمور بــا تجلیل از قدرت تبدیل‌کنندهٔ کلام خدا آغاز می‌شــود. در مزمور ۳۳:۴-۵ با زبانی روبه‌رو می‌شویم که یادآور رهایی عظیم قوم خدا از اسارت مصر است و بدین‌ســان محبت وفادارانهٔ خدا برای قومش به اثبات می‌رسد.

«زیرا کلام خداوند مستقیم است و همهٔ کارهای او با وفاداری
خداوند عدل و انصاف را دوست می‌دارد؛
جهان آکنده از محبت خداوند است.» (مزمور ۳۳:۴-۵)

مزمورنگار شهادت می‌دهد که کلام خدا همیشه چنین است. کلامی حاکی از راستی، حقیقت، امانت و عدالت که در نهایت جهان (نه فقط قوم اسرائیل) را از محبت خدا آکنده می‌سازد. باید در نظر بگیریم که مزمورنگار دربارهٔ خدا به‌طور کلی صحبت نمی‌کند، بلکه به‌طور خاص به 'یهوه' اشاره دارد. واژهٔ 'خداوند' در زبان عبری به اسم شخصیِ خدای اسرائیل، که در ترجمه‌های انگلیسی 'یهوه' حرف‌نویسی شده، اشاره می‌کند. این کلمات یهوه است که راست و حقیقی است نه کلمات خدایی دیگر. یهوه است که جهان را با وفاداری، عدالت و محبت پر می‌سازد نه خدای دیگری.

در این متن با تصویری عظیم از قدرت تبدیل‌کنندهٔ کلام خدا روبه‌رو می‌شویم که تمام پهنهٔ زمین را دربرمی‌گیرد. اما آیا این تصویری ایده‌آل‌گرایانه و بلندپروازانه به‌نظر نمی‌رسد؟ چگونه کلام خدا برای قوم کوچکی چون اسرائیل می‌تواند به کلامی برای کل جهان تبدیل شود؟ پاسخ را در آیات دیگر مزمور یعنی آیات ۶ تا ۹ می‌یابیم. پاسخ در یهوه یافت می‌شود. او که قوم اسرائیل را از اسارت مصر رهایی بخشید، خالق جهان است. او خدای پیدایش و خدای خروج است. خدای اسرائیل می‌تواند جهان را دگرگون سازد زیرا او خالق جهان است. پس تصور ما از آنچه که او می‌تواند در آینده انجام دهد بر حقیقت عمل او در گذشته از طریق کلامش استوار است.

بنابراین، مطابق مزمور ۳۳:۶-۹، مزمورنگار در روایت عظیم آفرینش، کلام خداوند و دَمِ دهان او را با هم می‌آمیزد (چنین ترکیبی را در مزمور ۱۰۴: ۲۹-۳۰ نیز می‌بینیم) و این‌چنین آسمان‌ها، آب‌ها و زمین مطابق ترتیب پیدایش باب اول به‌وجود می‌آیند. در این آیات مزمورنگار به احتمال زیاد روایت آفرینش و نقش روح خدا و کلام خدا را در ذهن دارد.

«به کلام خداوند آسمان‌ها ساخته شد
و همهٔ لشکر آنها، به دَم دهان او.
آب‌های دریا را چون توده گرد می‌آورد،
و ژرفا را در خزانه‌ها ذخیره می‌کند.
تمامی اهل زمین از خداوند بترسند،
همهٔ مردم جهان او را حرمت بدارند،
زیرا او گفت و شد؛ امر فرمود و بر پا گردید.» (مزمور ۳۳:۶-۹)

مزمورنگار با اشاره به سه ترتیب مهم در امر آفرینش یعنی آسمان، دریا و زمین، گرایش رو به انحطاط انسانی را که در پیِ پرستش عناصر طبیعت به‌جای خالق است به چالش می‌کشد. بدین‌سان، جهان‌بینی‌هایی که چنین بت‌پرستی‌هایی را به‌بار می‌آورند به چالش کشیده می‌شوند.

آسمان‌ها (مزمور ۳۳:۶): آسمان‌ها و تمامی ستارگان ساختهٔ دست خداوندند. نزد ملل مجاور قوم اسرائیل، اجرام سماوی خدایانی نیرومند تلقی می‌شدند. خورشید در مصر و بابل خدای برتر قلمداد می‌شد. اما گزارش پیدایش باب اول در تضادی آشکار حتی نام خورشید را بر زبان نمی‌آورد و متن تنها به دو نور افشان بزرگ که خدا آنها را در آسمان نهاده اشاره می‌کند. ستارگان نیز در جهان‌بینی ملل مجاور اسرائیل، خدایانی قلمداد می‌شدند که سرنوشت انسان را در دست دارند. اما روایت پیدایش به‌گونه‌ای است که گویی ستارگان تنها برای پر کردن صحنه به‌وجود می‌آیند و در این فضا از کارکردی که برای دیگر ملل دارند، به هیچ‌وجه خبری نیست. متن به‌سادگی می‌گوید «و نیز ستارگان را» (پیدایش ۱:۱۶). ستارگان خدایان نیستند، بلکه بخش دیگری از عمل دست خدایند. اشعیا ۴۰:۲۶ نیز اطلاق خصوصیات الهی به اجرام سماوی را رد می‌کند. پس در این مزمور هیچ جایی برای طالع‌بینی وجود ندارد. عجیب است که این گرایش کهن حتی امروز نیز رواج دارد. اجرام سماوی مخلوقاتی هستند که با کلام خدا به‌وجود آمدند و هیچ نقشی در توصیف حال یا آیندهٔ انسان ندارند.

دریا (مزمور ۷:۳۳): در اسطوره‌شناسی کنعانیان دریا خدایی نیرومند قلمداد می‌شـــد و به آن "یام" می‌گفتند. دریا محل استقرار شر و نیروهای مخرب قلمداد می‌شد. چنین نگاهی در کتاب ایوب و همچنین بخش‌های دیگر کلام نیز به چشـــم می‌خورد. ایوب در نگاهش به پیروزی یهوه بر ژرفاها اشاره دارد اما در روایت پیدایش، ژرفا نیز مخلوق خدای اسرائیل اســـت. در این مزمور نیز، ژرفا مقوله‌ای ترسناک نیست و تنها به بخشی کوچک از خلقت اشاره می‌کند. اقیانوس‌ها گویی مثل مربا در کوزهٔ خدا جمع می‌شوند. در واقع، آب‌ها وجه دیگری از شگفتی خلقت خدایند که با کلام او به‌وجود می‌آیند.

در تفکر مزمورنگار اثری از دوگانه‌پنداری، که در آن خدای خوب در تقابل با خدای شـــر قرار می‌گیرد، نمی‌بینیم. اثری از نبرد بی‌پایان کیهانی بین نظم و هرج و مرج نمی‌بینیم.

زمیـــن (مزمـــور ۳۳:۸-۹): کنعانیـــان خدای زمینی نیز داشـــتند و آن را بعل می‌نامیدند. بعل پســـر خدای دیگری به‌نام "اِل" بود که ســـبب حاصلخیزی زمین و حیوانات می‌شد. از این‌رو، مناسک عبادی بسیاری پیرامون مقولهٔ حاصلخیزی و باروری داشتند تا سلامت و دارایی خود را پاس بدارند و این کار را با توســـل به قربانی برای جلب رضایت خدایان زمینـــی انجام می‌دادند. امروزه نیز مکاتب نویـــن روحانی به‌وجود آمده اســـت که به زمین خصایص الاهی نســـبت می‌دهند و زمین را به‌عنوان الههٔ مادر و یا نیروی حیات الهی، تکریم می‌کنند، که ما باید خود را با آن هماهنگ کنیم.

اما مزمورنگار درســـت برعکس چنین باوری، زمین را فقط مخلوق خدا می‌بینیـــد. زمین با فرمان خدا به‌وجود می‌آیـــد و مانند هر مخلوقی نیازمند آن است که خالقش را تکریم کند، نه آن که خود تکریم شود.

تمامـــی این واقعیت‌های عالـــی، محصـــول کلام الهی‌اند، محصول عمل روح خـــلاق خدا و دِم دهان او. ما باید این حقایق را در جهان‌بینی خود جای دهیم. شـــاید ما بر روح‌القدس در خدمت‌مان، سنت کلیسایی خاص‌مان و یا وقف شخصی‌مان بیش از حد تأکید می‌ورزیم. اما آیا به این

نکات از کتاب‌مقدس پیرامون اینکه روح‌القدس کیست و چه کرده است می‌پردازیم؟ خدای زنده به‌واسطهٔ روح‌القدس سخن گفت و کائنات را به‌وجود آورد و نور، نظم و پری را به جهانی که در آن ساکنیم بخشید. چنانکه اعتقادنامهٔ نیقیه می‌گوید: «روح‌القدس، خداوند و بخشندهٔ حیات است.»

نگاهدارنده و احیاکننده: روح‌القدس و زمین

یهودیان در عهدعتیق به چگونگی *پدید آمدن* جهان زیاد نمی‌اندیشیدند. آنها می‌دانستند که جهان چون خدا گفت به‌وجود آمد. تنها باور به پیدایش باب‌های ۱و۲، حق مطلب را بیان می‌کرد. اما بر این مسئله تأمل می‌کردند، و اغلب با شگفتی بسیار، که چگونه جهان به حیات خود ادامه می‌دهد و احیا می‌شود. هر روز به مجرد آنکه چشمان خود را باز می‌کنیم جهان را می‌بینیم و در مورد وجود آن شکی نداریم. فصول تغییر می‌کنند، سال‌ها از پی هم می‌آیند ولی با وجود این، نظمی غالب در بطن نظام هستی می‌بینیم که انسان طی اعصار بدان پی برده است. قوم اسرائیل دست خدا را در فرایندی شگفت‌انگیز در جهان می‌دید. شایان ذکر است که ملل دیگر نیز با دیدن پدیده‌های طبیعی آنها را به خدایان خود نسبت می‌دادند و پرستش را نثارشان می‌کردند. اسطوره‌شناسی کنعانیان در مورد خدایان و الهه‌ها غنی بود و از طریق آن به توضیح نیاز پیوستهٔ جهان به نور، باران و محصول می‌پرداختند. یکی از اسطوره‌های عمدهٔ آنها به توصیف نبردِ بعل (خدای حیات و حاصلخیزی) با موت (خدای مرگ) می‌پردازد. در ابتدای نبرد، بعل کشته می‌شود (درست پس از فصل رشد و حاصلخیزی) اما پس از آن، با کمک شریکش "اَشیره" از قبر به زندگی بازمی‌گردد و چرخهٔ فصول دوباره آغاز می‌شود.

اما اسرائیلی‌یان چنین نگرشی به زندگی نداشتند. روح خدا نگاه‌دارندهٔ حیات بر زمین بود. از کوچکترین موجودات تا بزرگترین، حیات خود را مدیون او بودند. اسرائیلی‌یان نه تنها یک خدا را می‌پرستیدند، یهوه،

خدایی که با او عهد بسته بودند، بلکه عمیقاً باور داشتند که یهوه تنها خدای واقعی است. موسی به اسرائیلی‌یان می‌گوید: «این بر شما نمایانده شد» و در اینجا دربارۀ خروج آنها از اسرائیل و ملاقات با خدا در سینا سخن می‌گوید «تا بدانید که یهوه خدا است، بالا در آسمان و پایین بر زمین و به جز او نیست» (تثنیه ۳۵:۴و۳۹). به همین دلیل قوم خدا می‌دانستند که همۀ مظاهر حیات بر زمین توسط روح خدای زنده به حیات خود ادامه می‌دهند و تازه می‌شوند، از کمترین سطح حیات گرفته تا اوج خلقت در انسان. اگر قوت حیات‌بخش روح خدا نمی‌بود، حیات از زمین رخت بر می‌بست.

«اگر دل خود را بر آن نهد
که روح و نَفَس خویش را نزد خود بازگیرد،
تمامی بشر با هم هلاک خواهند شد
و آدمی به خاک باز خواهد گشت.» (ایوب ۱۴:۳۴-۱۵)

مزمور ۱۰۴ مزموری زیبا دربارۀ آفرینش است و شکوه تمامی خلقت را که ساختۀ دست خدا است تجلیل می‌کند. در این مزمور نقطۀ اوج اعمال عظیم خدا، انسان است. مزمورنگار شگفتی خود را چنین بیان می‌کند.

«ای خداوند کارهای تو چه بسیار است!
آنها را جملگی به حکمت خویش به عمل آورده‌ای،
زمین از مخلوقات تو آکنده است.» (مزمور ۲۴:۱۰۴)

مزمور سپس از خدا به‌عنوان خالق به‌سوی خدا به‌عنوان نگاه‌دارنده و مهیاکننده حرکت می‌کند. در اینجا اثری از دئیسم نمی‌بینیم. دئیسم باوری است که در آن خدا پس از خلق کائنات از آن فاصله می‌گیرد و دیگر شخصاً در آن دخالت نمی‌کند و خلقت درست مثل ساعت کوک‌شده کار می‌کند. اما خدا در تفکر و نیایش یک شخص یهودی، خدایی دور

از جهان طبیعی نیست. بلکه برعکس خدا به‌طرزی فعال در بقا بخشیدن به همهٔ موجودات زنده دخیل است و این کار را دقیقاً از طریق روحش انجام می‌دهد.

«چشم امید اینان جملگی بر توست
تا خوراک ایشان را در وقتش برسانی.
چون این را به آنها می‌بخشی،
آن را گرد می‌آورند؛
چون دست خویش می‌گشایی،
از چیزهای نیکو سیر می‌شوند.
اما چون روی خود را می‌پوشانی،
پریشان می‌گردند؛
و چون روح ایشان را قبض می‌کنی
می‌میرند و به خاک باز می‌گردند!
چون روح خود را می‌فرستی
آفریده می‌شوند،
و روی زمین را تازه می‌سازی!» (مزمور ۱۰۴:۲۷-۳۰)

بنابراین، روح خدا، نه تنها خالق بلکه مهیاکننده نیز هست. اگر بخواهیم با واژگان فنی‌تر الهیاتی سخن بگوییم در این مزمور ما از آموزهٔ آفرینش به‌سوی آموزهٔ مشیّت الهی در حرکتیم. خدا نه فقط همه چیز را به‌وجود می‌آورد بلکه حیات‌شان را نیز با قوت خود نگاه می‌دارد. روح خدا روزانه، سالانه و در همهٔ اعصار، زمین را زنده نگاه می‌دارد و آن را احیا می‌سازد. خدای خالق و خدای مهیاکننده- هر دو حقایقی هستند که در کتاب‌مقدس با عمل روح‌القدس پیوند داده می‌شوند.

در سخنان مسیح نیز این حقایق، نه به‌طور مستقیم دربارهٔ روح‌القدس، بلکه در مورد پدر آسمانی تصریح می‌گردد. مطابق کلام مسیح، خود خدا است که علف‌ها را لباس می‌پوشاند و سوسن‌ها را به زیبایی می‌آراید. این خدا است که کلاغ‌ها را خوراک می‌دهد و وقت افتادن گنجشکان

را می‌داند (متی ۶:۲۵-۳۴). عیسی این حقایق را از کتاب‌مقدس، یعنی عهدعتیق، آموخت. اگر خدای پدر برای کوچکترین اجزای خلقتش در پهنهٔ وسیع آفرینش چنین ارزشی قایل است، چقدر بیشتر مراقب هر یک از ماست، پس می‌توان به او اعتماد کرد. عیسی نیز همچون مزمورنگار می‌دانست اگر خدا در تمام خلقت توسط روحش حاضرست، پس هرگز نمی‌توان در مدار جغرافیایی الهی گم شد (مزمور ۱۳۹:۷). بنابراین، حقیقت جهان‌شمولِ تدارک، نگاه‌داری و نقش فعال روح خدا در خلقت سبب قوت قلب ما می‌شود تا با اطمینان به خدای مهیاکننده نسبت به رفع نیازهای‌مان احساس امنیت کنیم. اگر روح خدا به فکر نیازهای کل خلقت است، پس نیازهای ما نیز از چشمان او پوشیده نیست. این حقیقتی عالی است و ما باید با ایمان و اعتماد به آن بچسبیم.

اما اگرچه ایمانداران عهدعتیق می‌توانستند به چنین نتایج شخصی برسند ولی نکتهٔ حائز اهمیت آن است که برای آنان خود این حقیقت که خدا از طریق روحش همهٔ مخلوقات را آفریده و از آنها دائماً نگاه‌داری می‌کند اصل مهمی بود و نباید آن را صرفاً یک نتیجه‌گیری ثانویه قلمداد کرد. خداوند این کار را به‌خاطر خود خلقت و همچنین جلال خود انجام می‌دهد و ما نیز بخشی از همین خلقت هستیم. نباید چنین بپنداریم که خدا اول به فکر من است و سپس به مابقی خلقت نیز توجه می‌کند. خیر، بلکه برعکس، خدا از خلقت مراقبت می‌کند و به‌طرزی عجیب مراقب من نیز هست. باید از کل به جزء حرکت کرد. ما اغلب چنین فکر می‌کنیم که ما هستیم که باید از محیط‌زیست مراقبت کنیم، اما در واقع، خدا و خلقت اوست که از ما مراقبت می‌کنند، زیرا ما بخش کوچکی از خلقت دست خدا هستیم. اگر خدا به‌طور مستمر خلقت را نگاه ندارد و احیا نسازد، نمی‌توانیم به بقا در آن ادامه دهیم. جهانی که در آن به‌سر می‌بریم نه فقط محصول روح خدا به‌واسطهٔ کلام نیرومند الهی است بلکه صحنهٔ حضور، نظارت دائمی و نگاه‌داری اوست.

افزون بر این، خدا همهٔ آنچه را که آفریده دوست می‌دارد. مزمور ۱۴۵ نیز همچون مزمور ۱۰۴ بازتاب زبان آفرینش است. حرکت این مزمور

از مشیّت الهی به‌سوی تأیید محبت جهان‌شمول خدا برای همهٔ اجزای خلقت است. واژهٔ "همه" یا "هریک" (در عبری "کُل") شانزده بار در این مزمور تکرار می‌شود و گویای آن است که خدای خالق و مهیاکننده، محبتی بی‌حد و مرز و فراگیر به خلقت خود دارد. این محبت فقط شامل حال انسان نیست، بلکه از آنِ همهٔ مخلوقات اوست.

»چشمان همگان به انتظار توست،
و تو روزی‌شان را در وقتش می‌رسانی.
دست خود را می‌گشایی،
و آرزوی هر موجود زنده را برمی‌آوردی.
خداوند عادل است در همهٔ راه‌های خود،
و پر از محبت، در همهٔ کارهای خویش.« (مزمور ۱۴۵:۱۵-۱۷)

تا اینجا دیدیم که خدای زنده که قوم اسرائیل او را با نام یهوه می‌شناخت خدایی بود خالق، نگاه‌دارنده، فراهم آورنده و دوستدار تمامی خلقت. و نیز فهمیدیم که در تمامی این امور، روح خدا فعالانه این اعمال حیات‌بخش را انجام می‌دهد. اما این حقایق ما را به چه سمتی هدایت می‌کنند؟

اگر مشتاقیم تجربه‌ای عمیق‌تر از روح خدا بیابیم، باید دقیقاً در پی چه باشیم؟ تجربهٔ روح‌القدس را نباید تنها در تجلیات خارق‌العاده حضورش تعریف کرد. و نباید تنها آن‌را در به‌کارگیری عطایای روح در عهدجدید خلاصه نمود. بلکه به طرق مختلف می‌توان روح خدا را تجربه کرد که یکی از آن‌ها ثمرات روح و برخورداری از شخصیتی مسیح‌گونه است.

وقتی کلام خدا را جدی می‌گیریم با حقیقتی آشکار روبه‌رو می‌شویم. حقیقتی که منجر به ایجاد تعادل در نگاه ما به کتاب‌مقدس می‌شود. این حقیقت آن است که خدا از طریق روحش با کل خلقت در ارتباط است و ما با حیرت و شگفتی بر آن نظاره می‌کنیم. حزن‌انگیز است که بسیاری از مسیحیان با آن که ادعای شناخت خدا و پری از روحش را دارند، توجه

اندکی به این حقیقت زیربنایی کلام خدا می‌کنند و یا آن را چنان مفروض می‌گیرند که دیگر به آن نمی‌اندیشند.

شـــاید هم دیدگاهی منفی به جهان مادی دارند کـــه در آن تنها امور غیرمادی و به‌اصطلاح روحانی حائـــز اهمیتند (نگاهی که در آن نجات تنها روح ما را پس از مرگ با رفتن به بهشـــت ســـماوی دربرمی‌گیرد). در این دیدگاه، جهان مادی صرفاً مرحله‌ای موقتی اســـت که در آن امور روحانی رخ می‌دهد، همچون جعبه‌ای که گنجی در آن جای دارد اما پس از مدتی دیگر نیازی به جعبه نیست. و یا بدتر از آن، جهان مادی محکوم به نابودیِ کیهانی اســـت و در انتظار حکم انهدام است و پس از آن ارواح نامیرا در آسمان اِسکان می‌یابند.

امـــا کتاب‌مقـــدس برخلاف چنیـــن دیدگاه‌های ناچیز شـــمارنده و تقلیل‌گرایانه نســـبت به جهان مادی، بر اهمیت کل خلقت تأکید می‌ورزد و جهـــان مادی را تأیید می‌کند. کتاب‌مقـــدس به‌وضوح بیان می‌دارد که خدا در تمامیتش و از طریق روحش منشـــاء خلقت اســـت و از آن تا به نهایـــت مراقبت می‌کند. خدای مـــا خدای همهٔ خلقت اســـت. خلقت آفریدهٔ اوســـت و از آن نگاه‌داری می‌کند. چنین جهان‌بینیِ کل‌نگرانه‌ای بر امور بســـیاری تأثیر می‌گذارد، حال می‌خواهیـــم حداقل به دو مورد بپردازیم:

۱. علم

علم هدیهٔ بزرگ دیگری از خدا به بشـــر اســـت. خاســـتگاه علم در جهان‌بینی کلام خدا جـــای دارد، زیرا با نگاه بـــه کائنات درمی‌یابیم که عقلانیتی در پس فرایندها و قوانین پابرجای جهان مخلوق وجود دارد و این عقلانیت تراوش ذهن خالق کائنات است. اما با پیشرفت علم مدرن در مغرب‌زمین، اکنون گرایشـــات طبیعت‌گرایانهٔ جزم‌اندیش رواج یافته اســـت. در این طرز تلقی، جهان مادی همانی است که می‌بینیم و چیزی در ورای آن وجود ندارد. در نتیجه، هیچ خرد الهی در پَس مبدا و ساختار نظام هســـتی وجود ندارد و نیز هیچ طرح و مقصـــد الهی برای هدایت

آگاهانهٔ تاریخ نمی‌توان در نظر گرفت. این نگاه، اعتقاد به خرد الهی را نوعی خیال‌پردازی و توهم می‌داند.

برخلاف چنین رویکردی، تعلیم کتاب‌مقدس در مورد آفرینش و تدارک الهی، کائنات را صرفاً نتیجهٔ انرژی بسط‌یافته نمی‌بیند. زمین یک نظام هستی قائم به ذات نیست. طبیعت تنها برای استفادهٔ صِرف بشر و بهره‌کشی از آن وجود ندارد. بلکه در همهٔ آنچه فرایندهای طبیعی می‌نامیم (اصطلاح فرایندهای طبیعی درست اما ناکافی است)، خدا فعالانه از طریق روحش در کار است. در واقع، آفرینش در تمامیتش رابطه‌ای بنیادین با جلال خدا دارد، بدین معنا که خدا در تار و پود، جوهر و هستی‌مندی آن حضور دارد؛ چنانکه اشعیا از مخلوقات آسمانی شنید: «تمامی زمین مملو از جلال خدا است» و یا ترجمهٔ تحت‌الفظی‌تر آن چنین است، «تمامی زمین جلال خدا است.» این عبارت بدان معنا نیست که زمین همچون ظرفی خالی است که با جلال خدا پر می‌شود. خیر، آکندگی زمین جلال الهی است. جلال خدای زنده (حداقل به قسمی) در وفور و تنوع چشمگیر موجودات زنده در سیارهٔ زمین دیده می‌شود. مزمورنگار نیز با تأیید قدرت احیاکنندهٔ روح خدا می‌گوید:

«باشد که جلال خداوند تا به ابد پایدار ماند!
باشد که خداوند از کارهای خویش شادمان شود.» (مزمور ۱۰۴:۳۱)

۲. اکولوژی (حفظ محیط زیست)

از آنجا که خداوند نگاه‌دار همهٔ انواع حیات بر زمین است و آنان را دوست می‌دارد، پس روح خدا به طرق دیگری نیز می‌تواند محزون شود، نه صرفاً به سبب غفلت‌های اخلاقی ما. بلی، همهٔ ما می‌دانیم که راه‌های بسیاری برای محزون ساختن روح‌القدس در زندگی وجود دارد. اما در اینجا به موردی اشاره می‌کنیم که شاید هرگز بدان فکر نکرده باشیم. دائماً از این حقیقت به شگفت می‌آیم که چرا مسیحیان هیچ علاقه‌ای به امور زیست‌محیطی نشان نمی‌دهند یا هیچ نمی‌کوشند تا به‌شکلی علمی و حساب‌شده و توأم با تعهد در جهت حفظ محیط زیست فعالیت کنند.

آنان می‌دانند که زیستگاه‌های حیات در حال نابودی است، تالاب‌ها در حال خشک شدن هستند، آلودگی هوا، آب‌ها و گرمایش زمین بر کسی پوشیده نیست و بسیاری از گونه‌های حیات در حال انقراض‌اند و این فهرست به شکل غم‌انگیز و فزاینده‌ای پیش می‌رود. اما این حقایق مسیحیان را به حرکت نمی‌آورد و یا اگر کاری کنند از سر بی‌میلی است و در این امور جدی نیستند. حتی بدتر از این بی‌میلی، شکل‌گیری نوعی الهیات است که چنین سرنوشتی را برای خلقت طبیعی قلمداد می‌کند، و هوادارانش چنین استدلال می‌کنند که اگر زمین محکوم به نابودی است، چرا به خود زحمت دهیم و به آن توجه کنیم؟ و می‌پندارند تا می‌توان باید از زمین استفاده کرد تا وقتی که زمان نابودی آن فرا رسد.

با این حال، این قبیل مسیحیان به کتاب‌مقدس باورمندند، همان کلامی که صریحاً می‌گوید زمین صنعت دست خدای پدر است و روح خدا حیات آن را امکان‌پذیر می‌سازد و روزی پسر خدا وارث آن خواهد شد. بلی این همان کتاب‌مقدسی است که به ما می‌گوید خدا همهٔ مخلوقات خود را دوست دارد و روح‌القدس به همهٔ آن‌ها حیات می‌بخشد و خدا همه چیز را به‌واسطهٔ خون مسیح بر صلیب با خود آشتی داده است. اما در کمال تعجب با تحقیر- عملاً، اگر هم نه خودآگاهانه- با خلقت برخورد می‌کنند.

به یقین، باید به چنین طرز تلقی و رویکردی اعتراض کنیم، خصوصاً آن که مسیحیان داعیه آن‌ها را داشته باشند. باید این چالش را همیشه زنده نگاه داریم که تخریب غیرمسئولانهٔ هر یک از بخش‌های خلقت نیکوی خدا، روح خدا را در ما محزون می‌سازد. روح‌القدسی که خالق و نگاهدارندهٔ خلقت است.

دمیدن و ترک کردن: روح‌القدس و انسان

تا اینجا پیدایش ۱:۱-۲ را به همراه مزمور ۳۳ در شرح نقش روح خدا در کل کائنات توضیح دادیم. سپس دوربین خود را بر مزمور ۱۰۴

متمرکز کردیم و قوت روح‌القدس را در نگاه‌داری و احیای خلقت دیدیم. حال می‌خواهیم به کار روح خدا به‌عنوان خالق در رابطه با انسان نگاه کنیم.

آنگاه یهوه خدا آدم را از خاک زمین بسرشت[1] و در بینی او نَفَس حیات دمید و آدم موجودی زنده شد (پیدایش ۷:۲).

این یکی از آیات شناخته‌شدهٔ کلام خدا است اما سوءتفاهماتی پیرامون درک آن وجود دارد و پیش از پرداختن به معنای صحیح آن، ناچاریم موارد غلط را برشماریم. یکی از تفاسیر معروف که از دیرباز بیان شده، اعتقاد به دمیدن جاودانگی در انسان دارد و بدین‌سان انسان را از حیوان متمایز می‌سازد. طبق این تفسیر انسان از خصیصه‌ای برخورداست که حیوانات فاقد آنند و این آیه به توصیف چگونگی و زمان دریافت آن می‌پردازد. این نگاه بسیار وامدار ترجمهٔ قدیمی انگلیسی KJV در بخش پایانی آیه است، «و آدم موجودی زنده شد.» اما این تفسیر با بررسی دقیق متن قابل دفاع نیست. باید به دو عبارت توجه ویژه کنیم، یکی «نَفَس حیات» و دیگری «موجودی زنده.»

«نَفَس حیات» نمی‌تواند به معنای جاودانگی روح و عامل تمییز انسان از حیوانات قلمداد گردد، زیرا همین عبارت در پیدایش ۳۰:۱ به همهٔ حیوانات زمین و پرندگان آسمان اطلاق شده است. در پیدایش ۱۷:۶ نیز باز به همهٔ حیوانات، از جمله پستانداران که نَفَس می‌کشند، اشاره می‌کند.

به همین شکل عبارت «موجودی زنده» به هیچ‌وجه فقط مختص بشر نیست. این عبارت سه بار پیش از این ذکر شده است (پیدایش ۲۰:۱،

---

۱. واژهٔ عبری برای انسان "هاآدام" و برای زمین "هاآداما" است. آشکارا عمدی در این رابطه وجود دارد. انسان مخلوقی زمینی است. همین حالت در زبان لاتین نیز به چشم می‌خورد که شباهت آن با واژهٔ انگلیسی انسان بی‌تردید است. بین واژهٔ لاتین "humus" که خاک معنی دارد و واژهٔ "human" رابطه‌ای وجودی دارد. برخی از ترجمه‌ها می‌کوشند این شباهت را عیان کنند. همچنین متن عبری در صدد معرفی جنسیت انسان نیست. اینجا به زن یا مرد بودن شخص پی نمی‌بریم. این موضوع را در بخش بعدی داستان می‌بینیم. در این قسمت با مخلوقی متمایز در پهنهٔ خلقت روبه‌رو می‌شویم که از رابطه‌ای منحصربه‌فرد با خدا برخوردارست.

۲۴و۲۸) و به سایر جانداران خلقت اشاره دارد و در پیدایش ۴:۷ نیز در روایت طوفان نوح باز ذکر می‌شود. پس این عبارت به‌شکلی مشترک گویای خصوصیتی در انسان و حیوان است که همانا زنده بودن آنهاست. از سوی دیگر، واژهٔ "نِفش" در زبان عبری مُعَرف همهٔ مخلوقات است و نباید آن را خصوصیتی انحصاری برای انسان دید. "نِفش" مُعَرف چیزی نیست که تحت تملک باشد بلکه بیانگر ماهیت انسان و سایر جانداران است. ما همگی مخلوق خدا هستیم و انسان نیز یکی از این همین مخلوقات در پهنهٔ آفرینش الهی است.

بنابراین، پیدایش ۷:۲ دربارهٔ اینکه انسان چگونه روح می‌یابد چیزی نمی‌گوید. اما این آیه به یقین تأییدکنندهٔ امری مهم و مثبت دربارهٔ انسان و رابطه‌اش با خدا است. تأکید این آیه تمایز انسان با حیوان نیست بلکه به پیوند ما و خدا اشاره دارد، زیرا عبارت «در بینی او نَفَس حیات دمید» مُعَرفِ صمیمیتی مهرآمیز و شخصی است. واضح است که این عبارت یک صنعت ادبی است (زیرا خدا که دستگاه تنفسی ندارد). ولی این عبارت با توجه به زمینهٔ متن به حضور روح خدا اشاره دارد که نَفَس خدا نیز نامیده می‌شود (ن.ک. حزقیال ۳۷:۹-۱۰و۱۴).

انسان مخلوقی است که همچون سایر پستانداران از نَفَس حیات برخوردار است. ولی ما به‌طور منحصربه‌فردی به صورت خودِ خدا و با صمیمیتی مهرآمیز آفریده شده‌ایم و همهٔ اینها به‌واسطهٔ نَفَس یا دَم خدا ممکن می‌گردند. در واقع، کار روح خدا در حیات انسان است که همهٔ جلوه‌های حیات بشری را خاص می‌سازد. ایوب بارها بر رابطهٔ بین روح خدا (یا دَم، نَفَس) و حیات و ظرفیت انسان تأمل می‌کند.

«تا جان در بدن دارم و نَفَس خدا در بینی‌ام است،
لب‌هایم به بی‌انصافی سخن نخواهد گفت.» (ایوب ۲۷:۳-۴)

«اما روحی که در انسان است یعنی دم قادر مطلق،
آن است که انسان را فهم می‌بخشد.» (ایوب ۳۲:۸)

«روح خدا مرا آفریده است،
و نَفَس قادر مطلق مرا حیات می‌بخشد.» (ایوب ۴:۳۳)

اگر چه داستان کتاب پیدایش نمایانگر آفرینش مهرآمیز بشر در بستر رابطه‌ای صمیمی با خدا است، اما این داستان در باب سوم با گناه نااطاعتی و طغیان انسان ترسناک می‌شود. انسان دروغی را باور می‌کند و با اعتماد به خود، اقتدار اخلاقی خالقش را رد می‌کند. در نتیجه به مرگ محکوم می‌شود.

پیدایش ۳:۶ به گزارشی جالب‌توجه در مورد امور ناشی از گناه انسان می‌پردازد و آن را با روح خدا مرتبط می‌سازد. در اینجا نیازی نیست که به توضیح جزئیات آیات ۱و۲ در باب ۶ بپردازیم، زیرا تفاسیر متفاوتی از آن ارائه شده است. همین کافی است که بدانیم که این آیات به تخطی جدی از مرزهای بین قلمرو آسمان و زمین می‌پردازد، و در نتیجه خدا طول عمر حیات انسان را کاهش می‌دهد.

«روح من همیشه در انسان نخواهد ماند، زیرا که او موجودی فانی است. روزهای او صد و بیست سال خواهد بود.» (پیدایش ۳:۶)

جسم (موجودی فانی) در تضاد با روح قرار می‌گیرد. منظور این است که انسان، از جاودانگیِ طبیعی محروم می‌شود. تداوم حیات ما به عمل روح خدا وابسته است. همهٔ حیات بشری از توان‌بخشی روح خدا سرچشمه می‌گیرد. زنده بودن و نَفَس کشیدن ما در جهانی که مخلوق خدا است مرهون هدیهٔ حیات از جانب روح خدا است. اما بشر فانی است و تا زمانی روح خدا در ما می‌ماند به حیات ادامه می‌دهیم. وقتی خدا روحش را برمی‌گیرد به فانی‌بودن‌مان، یعنی جسم، برمی‌گردیم، در واقع، به آنچه که از آن ساخته شده‌ایم، یعنی خاک است، بازمی‌گردیم. همین واقعیت را در مزمور ۱۰۴:۲۹-۳۰ دربارهٔ همهٔ انواع حیات بر زمین می‌بینیم و کتاب جامعه نیز باز همین مطلب را در تصویری شعرگونه، اما بی‌پرده، پیرامون مرگ بشر بیان می‌دارد.

۳۰ فصل اول

«و خاک به زمینی که بر آن بود بازمی‌گردد،
و روح نزد خدایی که آن را بخشید رجعت می‌کند.» (جامعه ۱۲:۷)

امـــر متناقض‌نمای رابطـــهٔ بین روح خدا و حیات بشـــر بر زمین در عهدعتیق چنین اســـت که از یک‌ســـو، ما از نَفَس حیـــات برخورداریم، به‌عنوان مثال، حیات جســـمانی ما، که در آن با ســـایر مخلوقات اشتراک داریـــم و هدیهٔ الهی اســـت. ولی از ســـوی دیگر، به‌لحـــاظ روحانی به دلیل طغیان علیه خدا در مرگ به‌ســـر می‌بریـــم و روزی نیز وقتی روح حیات‌بخـــش، ما را ترک کند، خواهیم مرد. در واقع، مرگ روحانی فعلی به مرگ جسمانی ختم خواهد شد. از این‌رو، عنوان متناقض‌نمای "دمیدن و ترک کردن" را برای این قســـمت در نظر گرفتم. حیات و نَفَس، هدیهٔ روح خدا هستند، اما آن‌گاه که روح خدا صحنه را ترک کند، نَفَس متوقف و فناپذیری بر صحنه حاکم می‌شود.

آیا هیچ امیدی برای ما وجود دارد؟ آیا برای مخلوقات دیگر همچون مـــا که هدیهٔ حیـــات را از روح خدا دریافت کردنـــد اما زیر محکومیت مرگ به‌ســـر می‌برند، امیدی وجود دارد؟ زیرا روح خدا همیشه در انسان نخواهد ماند و از این‌رو مرگ را تجربه خواهد کرد. بله قطعاً امید وجود دارد و این را در فصل‌های بعد و به‌خصوص در بررسی متون عهدجدید خواهیم دید. خدا حتی در عهدعتیق وعدهٔ حیات نو، قلب نو و روح تازه را داده اســـت. عهدجدید نیز همین موضوع را دنبـــال می‌کند و تعلیمی کامل‌تر بر حقیقت تجدیدحیات به‌واسطهٔ روح‌القدس و همچنین حیات جاودانی در مســـیح ارائه می‌دهد. بنابراین، بلـــی، قطعاً امید وجود دارد، آن‌هم به‌واسطهٔ روح حیات‌بخش مسیح.

عهدجدید اساساً امید را برای انسان در پرتو کار مسیح و روح‌القدس تعریف می‌کند اما نقش روح‌القدس را در سایر بخش‌های خلقت نادیده نمی‌گیرد، که در عهدعتیق بسیار برجسته است. در واقع، عهد جدید نور خود را بیشـــتر به مسیح به مثابه کلام خدا و نیز عامل اجرایی خلقت تازه و وارث خلقت می‌تاباند. حـــال بیایید این فصل را با تأمل بر نقش روح

خدا در خلقت تازه به پایان رسانیم. اینجا باید به عهدجدید رجوع کنیم تا تصویری کامل‌تر از نقشهٔ خدا برای آیندهٔ خلقت ببینیم. اما شالودهٔ همهٔ آنچه از این به بعد گفته خواهد شــد، در عهدعتیق است، از جمله عمل روح خدا در آفرینش. حـال توجه خود را معطوف به رومیان ۱۹:۸-۲۷ می‌کنیــم که متنــی کلیدی پیرامــون نقش روح خــدا در خلقت تازه با به‌کارگیری استعارهٔ درد زایمان به هنگام تولد بچه است.

ناله و زایش: روح‌القدس و خلقت تازه

«زیرا خلقت با اشــتیاقی تمام در انتظار ظهور پسران است. زیرا خلقت تسلیم بطالت شد، نه به خواست خود، بلکه به ارادهٔ او که آن را تســلیم کرد، با این امید که خود خلقت نیز از بندگی فساد رهایــی خواهد یافت و در آزادی پر جلال فرزندان خدا ســهیم خواهد شد.
مــا می‌دانیم که تمام خلقت تا هم اکنــون از دردی همچون درد زایمان می‌نالد. و نه تنها خلقت، بلکه خود ما نیز که از نوبر روح برخورداریم، در درون خویش ناله برمی‌آوریم، در همان حال که مشتاقانه در انتظار پســرخواندگی، یعنی رهایی بدن‌های خویش هستیم. و روح نیز در ضعف ما به یاری‌مان می‌آید، زیرا نمی‌دانیم چگونه باید دعا کنیم. اما روح با ناله‌هایی بیان نشــدنی، برای ما شفاعت می‌کند. و او که کاوشگر دل‌هاست، فکر روح را می‌داند، زیرا روح مطابق با ارادهٔ خدا برای مقدسین شفاعت می‌کند.»
(رومیان ۱۹:۸-۲۳ و ۲۶-۲۷)

در این متن شگفت‌انگیز رستاخیز مســیح با رستاخیز بدن‌های ما و رهایی کل خلقت پیوند می‌خورد و همهٔ آنها به‌واســطهٔ عمل روح خدا رخ می‌دهند. پس از بیان این حقایق بی‌نظیر، طبیعی اســت که بپنداریم واژهٔ "شــادی" تمامی این متن را دربرگرفته اســت. اما در کمال تعجب

برای پولس واژهٔ کلیدی، "ناله" است. ناله‌ای که همچون درد زایمان به شادیِ تولد ختم می‌شود. ناله‌های ایام بارداری و هنگام تولد. بلی، ما در جهانی سقوط‌کرده از گناه و عصیان به‌سر می‌بریم. اما همین جهان کهنه در تصویر پولس، رَحِم خلقت نو است و این خلقت نو در مسیح و از طریق روح خدا تولدی نو می‌یابد.

چنانکه پولس می‌گوید، اگر کسی در مسیح باشد، خلقتی تازه اتفاق افتاده است (دوم قرنتیان ۱۷:۵). ما که به‌واسطهٔ روح خدا به‌واسطهٔ ایمان به مسیح دوباره متولد شده‌ایم، بخشی از خلقتی نوین هستیم که به‌سوی زایش در حرکت است.

در این متن با سه «ناله» روبه‌رو می‌شویم:

۱. نالهٔ خلقت (رومیان ۸:۲۲)

خلقت به دلیل گناه ما ناله می‌کند و این‌چنین در بطالت گرفتار شده است. اما هدف اصلی آن بود که خلقت خالق خود را جلال دهد. هوشع نبی نیز می‌گوید زمین ناله سر می‌دهد و درد می‌کشد زیرا شرارت روز افزون بشر آن را آزار می‌دهد (هوشع ۴:۱-۳). اما ناله‌ای که مد نظر پولس است نالهٔ درد زایمان است، زیرا خلقت نو در رَحِم جهان کهنه در حال شکل‌گیری است. پس درد کنونی خلقت مُعَرف انتظار برای شادی‌ای است که از راه می‌رسد. به دیگر سخن، درد فعلی تضمین شادی پیش روست. هر مادر و قابله‌ای خوب می‌داند که وقتی درد زایمان آغاز می‌شود، تولد امری توقف‌ناپذیر است.

۲. نالهٔ ما (رومیان ۸:۲۳)

ما نیز به سبب گناه ناله می‌کنیم اما دگربار پولس ناله‌ای متفاوت در ذهن می‌پرورد. نالهٔ ما به دلیل انتظار مشتاقانه برای خلقت نو است، بدین‌معنا که بدن‌های ما از چنگ تباهی رهایی می‌یابد. بسیار مهم است که دریابیم در این متن پولس به "نجات روح ما" اشاره نمی‌کند، بلکه به وضوح رهاییِ بدن‌های ما را مد نظر دارد. انتظار پولس در مورد آینده

بـه درک او از خلقت بازمی‌گردد. پولــس هرگز نجات را فرار از خلقت (جهان مادی) و رفتن به‌ســوی وضعیتی روحانـــی و ملکوتی نمی‌داند. پولس دوگانه‌باوری شـــایع در فلسفهٔ یونان و فرهنگ مذهبی زمانهٔ خود را رد می‌کند. رهایی خدا تمام خلقت را دربرمی‌گیرد و رســـتاخیز مسیح نوبر این تحول عظیم اســـت. ما انسان‌ها نیز نیازمند بدن‌های جدید برای سکونت در خلقت نو هستیم و این همان چیزی است که چشم به‌راه آنیم. پولس در جای دیگر می‌گوید، که خدا بدن‌های حقیر ما را تبدیل خواهد کرد تا به شـــکل بدن پر جلال مســـیح در آید (فیلیپیان ۲۱:۳). در واقع، رستاخیز مســـیح الگوی تمام‌نمایِ رهایی بدن‌های ماست. از این‌رو در اعتقادنامهٔ رسولان این را نمی‌خوانیم که «ایمان دارم به جاودانگی روح» (این عبارت اعتقاد راســـخ یونان باستان بود). خیر بلکه به «ایمان دارم به رستاخیز بدن» (یونانیان به هیچ وجه چنین باوری نداشتند).

۳. نالهٔ روح‌القدس (رومیان ۸:۲۶)

روح‌القـــدس در درون ما ناله می‌کند- چنانکه در بطن خلقتی کهنه با همهٔ تلاطمات و سردرگمی‌هایش به‌سر می‌بریم و دعا می‌کنیم. اما همین روح نوبر و متضمن خلقت تازه اســـت و از آن تـــا زمان زایش مراقبت می‌کند. ما نیز اگر در مســـیح باشیم، در واقعیتی سهیم هستیم که هنوز در انتظار تولد کامل در آینده است. پولس به صراحت می‌فرماید: «اگر کسی در مسیح باشد، خلقت تازه‌ای است!» (دوم قرنتیان ۱۷:۵)

پس استعارهٔ تولد به درد زمان حال و وضعیت کنونی می‌پردازد ولی شـــادی پس از آن رخ می‌دهد، و این اساس درد زایمان است. بدین‌معنا که در پیِ درد زایمان شادی زایدالوصف روی می‌دهد، زیرا حیات نو به جهان ناگهان وارد می‌شود. پس نگاه عهدجدید به رنج‌های زمان حاضر (ســـخن پولس در رومیان ۸) به معنای «اکنـــون دوام بیاور چون پس از مرگ، به آسمان خواهی رفت» نیست. خیر، دیدگاه عهدجدید شناخت این حقیقت اســـت که خدا در حال ایجاد خلقت نو و کاملی است که توسط مسیح، نجات یافته و به‌واسطهٔ روح در حال تولد است. و اگر ما در مسیح

باشیم و روح خدا در ما مسکن گزیده باشد، پس ما نیز بخشی از همین خلقت تازه‌ایم و همراه با همین خلقت کهنۀ شگفت‌انگیز، بی‌صبرانه در انتظار تولدی پرجلال به‌سر می‌بریم.

نتیجه‌گیری

پولس از نوایمانان در شهر اَفَسس می‌پرسد، آیا هنگامی که ایمان آوردید، روح را یافتید؟ (اعمال رسولان ۲:۱۹). آنها دربارۀ روح‌القدس چیزی نشنیده بودند. ولی ما قطعاً شنیده‌ایم، پس سؤال به‌جا برای ما می‌تواند این باشد، که «آیا وقتی روح‌القدس را دریافتی، فهمیدی چه موهبتی یافتی؟» در این فصل کوشیدیم به شرح وسعت این حقیقت بپردازیم که دریافتن روح‌القدس به چه معناست، یا بهتر بگوییم، آیا متوجه شده‌ایم که او کیست؟

اگر شما فرزند خدا به‌واسطۀ ایمان به پسرش عیسای مسیح هستید، روح‌القدس در شما مسکن گزیده است. او همان روح خدا است که در ابتدای آفرینش بر فراز خلقت بود، آن هنگام که با کلام الهی، خلقت به‌وجود آمد. بلی هستی کائنات مرهون عمل روح خدا است.

روح‌القدس است که مدام خلقت را زنده نگاه می‌دارد و آن را هر آن تازه می‌کند تا خورشید دوباره طلوع کند و روز جدیدی آغاز شود و خوراک بر سفره‌های ما قرار گیرد.

روح‌القدس است که به هر مخلوقِ میرایی که بر زمین نَفَس می‌کشد حیات می‌بخشد. به‌راستی در پَس هر نَفَس در این زندگی، روح‌القدس قرار دارد. این روح‌القدس است که به انسان فناپذیر حیات جاودان عطا می‌کند، اگر به مسیح مصلوب و قیام‌کرده ایمان آوَرَد.

روح‌القدس قابلۀ خلقت تازۀ خدا است که به‌واسطۀ او بشریتِ رهایی‌یافته با بدنی قیام‌کرده ظهور می‌کند تا به‌عنوان خدمتگزار خدا، خلقت را هم‌راستا با قصد اولیۀ خدا خدمت کند.

این روح‌القدس، روح خدای کتاب‌مقدس است. آیا او را می‌شناسی؟

فصل دوم

روح توان‌بخش

واژهٔ "قدرت" بسـیار مورد سوءاسـتفاده قرار گرفته است. اخیراً به برنامه‌ای در رادیو گوش می‌دادم که در آن شـخصی می‌گفت: «قدرت، توانایی رنج دادنِ دیگران اسـت.» گرچه این تعریـف نوعی بدبینی، اما احتمالاً به‌خوبی بازتاب اذهان عمومی پیرامون صاحبان قدرت اسـت. در این نگاه، قدرت در ذات خود تاریک و سـتمگرانه اسـت. اما چنین رویکردی غلط و به واقع سوءتفاهمی خطرناک است.

اساسـاً قـدرت، مقوله‌ای خنثی اسـت و معنای آن صرفـاً توانایی انجام امور اسـت. اگر برآنیم که کاری انجام دهیم، چه خوب چه بد، به قدرت نیاز داریم. قدرت، ظرفیت رسـیدن به اهداف تعیین‌شـده است. قدرت همچنین بر نتایج وقایـع و فرایندها اثر می‌گذارد. از این‌رو وقتی نمی‌توانیم به اهداف‌مان برسـیم یا بر وقایع تأثیر بگذاریم، خود را فاقد قدرت می‌بینیم.

در یکی از بررسـی‌هایی که پیرامون عوامل انگیزه‌بخش انجام گرفته، قدرت به‌عنوان یکی از سـه انگیزهٔ اصلی شکل‌دهندهٔ رفتار معرفی شده

است. طبق این نظر، قدرت بر تمامی رفتارهای ما حضوری تأثیرگذار دارد. این انگیزه است که هر صبح ما را از خواب بیدار می‌کند و زندگی را برای ما با معنا می‌سازد تا باز به حیات خود ادامه دهیم. در واقع، انگیزه‌ها در پَس افعال‌مان، ما را به جلو می‌رانند. اما اگر در دوره‌ای طولانی نتوانیم به اهداف‌مان برسیم، احساس عجز و ناتوانی خواهیم کرد. بلی، هریک از ما در پی رسیدن به مقصدی هستیم و در هریک از ما این سه انگیزهٔ بنیادی به‌طرز خاصی رفتارهای ما را جهت می‌دهند. برخی از اشخاص ممکن است تنها با یکی از این انگیزه‌ها، یا قدری از دو انگیزهٔ دیگر، به جلو سوق داده شوند؛ برخی دیگر نیز ممکن است به‌طرز متعادلی از هر سه انگیزه برخوردار باشند. اما انگیزه‌ها در همهٔ ما نقشی غالب بازی می‌کنند:

۱) *دستاورد*، میل به انجام امور و برخورداری از موفقیت‌ها و اهداف تحقق‌یافته است. ۲) *وابستگی*، میل به داشتن روابط خوب با دیگران و لذت بردن از بودن با آنها است، صرف‌نظر از اینکه چه عاید ما می‌شود. ۳) *قدرت*، میل به تأثیرگذاری و اثر بخشیدن و یا تغییر امور در نتیجهٔ حضور و عمل ما است.

بنابراین، قدرت حرکتی تأثیرگذار است و تفاوت‌ها را رقم می‌زند. قدرت بر وقایع اثر می‌گذارد و امور را چه در حال حاضر، چه در آینده، تغییر می‌دهد. بنابراین، جای تعجب نیست که در عهدعتیق، روح خدا غالباً با مقولهٔ قدرت عجین است زیرا خدای کتاب‌مقدس بر خلقت خود اثر می‌گذارد و تغییر را سبب می‌شود. در واقع، وقتی قوم خدا دربارهٔ روح یهوه سخن می‌گفتند، غالباً بر عمل تأثیرگذار خدا بر زمین اشاره داشتند، عملی که یا به‌شکل مستقیم یا اغلب به‌واسطهٔ خادمانش انجام می‌شد. روح خدا، قدرت خدا است در عمل. این قدرت یا مستقیماً عمل می‌کند یا از طریق توان بخشیدن به اشخاصی که خواست خدا را به‌انجام می‌رسانند.

توان بخشیدن به *انسان*. اما مشکل از اینجا آغاز می‌شود. انسان ماشین یا رُبات نیست که خودکار عمل کند. خدا به انسان ظرفیت پرمخاطرهٔ

تصمیم‌گیری و اجرای تصمیمات را بخشیده است. خدا این ظرفیت را به هنگام خلقت به ما بخشید لیکن متأسفانه ما از آن سوءاستفاده کردیم. ما با طغیان علیه اقتدار الهی از قدرت خدادادی خود سوءاستفاده کردیم و رهنمودهای خدا را زیر پا گذاشتیم و تصمیم گرفتیم خودمان نیک و بد را تشخیص دهیم. نتایج چنین رویکردِ فاجعه‌باری، که سقوط نام دارد و در پیدایش باب ۳ ذکر شده، این است که انسان در هرج و مرج گرفتار شده است.

همۀ ابعاد حیات بشر (روحانی، جسمانی، عقلانی، عاطفی، اجتماعی) با گناه به فساد گراییده است. بنابراین، همۀ آنچه تحت عنوان قدرت به آن فخر می‌کنیم، در واقع، به‌لحاظ روحانی نمایان‌گر ضعف و درماندگی ماست. ضعفی که به‌خاطر گناه، به تار و پود انسان نفوذ کرده است.

با وجود این، خدا انسان‌هایی چون ما را برگزیده تا قدرت خود را از طریق روحش در آنان نمایان سازد. شایان ذکر است که مردان و زنانی که در کتاب‌مقدس با نیروی الهی عمل می‌کردند همچون من و شما گناهکارانی سقوط‌کرده بودند. اما عیسای مسیح یک استثناست. اینکه می‌گوییم شخصی با روح پر شده، یا توانمند گشته است، بدین معنا نیست که از گناه مبرا است و همۀ آنچه پس از آن انجام داده به‌لحاظ اخلاقی کامل است یا دقیقاً ارادۀ خدا را در تمامی امور به‌جا آورده است. خیر، چنین نیست. وقتی قدرت خدا و ضعف بشر با هم در انسانی گناهکار ادغام می‌شوند، نتایج همیشه قابل پیش‌بینی نیستند و گاه مبهم‌اند. به این دلیل که شخص حتی پس از توانمند شدن با روح خدا، هنوز انسانی سقوط‌کرده همچون من و شماست. اگر این حقیقت در کلام خدا دیده می‌شود، چقدر بیشتر برای امروز ما مصداق دارد. به این نکته باز خواهیم گشت.

حال بیایید به نمونه‌هایی از توان بخشیدن روح خدا به اشخاص در کلام خدا بپردازیم. سپس بر موسی متمرکز می‌شویم، زیرا روح خدا در او ترکیبی زیبا از قدرت و فروتنی ایجاد کرده بود.

قدرت و توانایی

برخورداری از روح خدا در عهدعتیق بدین‌معناست که اشخاص قابلیت، توانایی یا قدرتی خدادادی داشتند تا کاری خاص برای خدا یا قوم او انجام دهند. روح خدا به شخص توانایی می‌بخشید تا کار مورد نظر را انجام دهند.

بِصَلیئل و اُهولیاب. امکان دارد تاکنون نام این دو شخص را نشنیده باشید. اما اگر به روح‌القدس علاقمندید، باید با آنها آشنا شوید، چون اولین اشخاصی هستند که در کتاب‌مقدس عبارت «پر شدن از روح خدا» در مورد آنها به‌کار رفته است. بسیاری از مسیحیان از ته دل خواستار چنین تجربه‌ای هستند اما تجربهٔ خاص بِصَلیئل و اُهولیاب برای بسیاری از ایمانداران رخ نمی‌دهد. ولی تجربهٔ پری از روح خدا در زندگی آنها چگونه تجلی یافت؟ این تجربه به آنها توانایی صنعتگری بخشید. آنها روی چوب، فلز و سنگ‌های قیمتی و انواع طراحی‌های هنری کار می‌کردند و قادر بودند به دیگران نیز همین مهارت‌ها را آموزش دهند. به این متن توجه کنید:

> «آنگاه موسی به بنی‌اسرائیل گفت: «بنگرید که خداوند بِصَلیئل پسر اوری نوهٔ حور از قبیلهٔ یهودا را برگزیده است. و او را با روح خدا پر کرده، بدو مهارت، فهم و دانش در انواع صنایع بخشیده است: تا از طلا و نقره و برنج نقش‌های هنری بریزد. سنگ ببرد و بتراشد، صنایع چوبی بسازد و در انواع هنرها مشغول کار شود. نیز به او و اُهولیاب پسر اَخیسامَک از قبیله‌دان، این توانایی را بخشیده که به دیگران تعلیم دهند: خدا به ایشان مهارت بخشید است تا هر نوع کاری را که حکاکان، طراحان و گلدوزان با نخ‌های آبی و ارغوانی و قرمز بر کتان ریزبافت می‌کنند، یعنی کارهایی که هر نوع صنعت‌گر یا طراح ماهر انجام می‌دهد، خود انجام دهند. بِصَلئیل، اُهولیاب و همهٔ افراد ماهری که خداوند بدیشان مهارت و فهم بخشیده است تا بدانند چگونه باید کارهای مربوط به بنای

قُدس را انجام دهند، باید درست مطابق آنچه خداوند فرمان داده است این کار را به انجام رسانند.» (خروج ۳۵:۳۰-۳۶:۱)

این آیات ارزش والایی به چنین مهارت‌هایی می‌بخشند. من از این واقعیت در شگفتم که روح خدا، که خود در تمامی کار آفرینش شگفت‌انگیز خلقت فعال بود، در این واقعه انسان را پر می‌سازد تا او نیز همان مهارت‌های ظریف را به‌کار گیرد. چیزی بسیار خلاقانه (و بدین‌سان الاهی) در آنچه این متن توصیف می‌کند وجود دارد: صنعت‌گری، طراحی هنرمندانه، گلدوزی با رنگ‌های غنی، حکاکی بر سنگ و چوب. واقعاً دوست داشتم برخی از این مهارت‌ها را داشتم، و کار چنین هنرمندانی را تحسین می‌کنم. انتساب چنین اعمالی به پری روح خدا را باید جدی در نظر گرفت.

بِصَلئیل و اُهولیاب از روح خدا پر شدند تا خیمهٔ ملاقات را، که همانا مسکن خدا با قومش بود، بسازند. اما فکر نمی‌کنم که باید عمل روح خدا در توان بخشیدن به اشخاص را تنها برای مقاصد «مقدس» محدود سازیم. بِصَلئیل و اُهولیاب چه قبل از ساخت خیمهٔ ملاقات و چه بعد از آن به حرفهٔ صنعت‌گری می‌پرداختند. در روایت آفرینش دیدیم که خدا، این استاد آسمانی، چگونه و به چه زیبایی کائنات را آفریده و چقدر از زیبایی و نیکویی اثر دست خود لذت می‌برد. این متن ما را تشویق می‌کند ایمان داشته باشیم که همان روح خدا که در عملِ آفرینش فعال بود، در معنایی وسیع‌تر در همهٔ انسان‌هایی که به شباهت خدا آفریده شده‌اند عمل می‌کند، کسانی که خلاقانه با هنر، موسیقی، طراحی‌های رنگین و هنرپردازی‌های زیبا به زندگی ما غنا می‌بخشند. شاید بتوانم سخنوری و نگارش ماهرانه را نیز به این فهرست اضافه کنم تا بدین‌ترتیب قدری هم به خود تسلی دهم. وقتی هنر اصیل را تحسین می‌کنیم، در واقع جلال را به روح خدا می‌دهیم که آن را امکان‌پذیر کرده است.

داوران. داوران مردان و زنانی در میان طوایف یهودی بودند که وظیفهٔ رهبری را پیش از تأسیس دوران پادشاهی بر عهده داشتند. یکی از کتاب‌های

عهدعتیق نیز به آنان اختصاص دارد. اما واژهٔ *داوران* ممکن است دادگاهی را در ذهن ما تداعی کند که در آن بزرگان قوم با چهره‌ای عبوس پشت میز نشسته‌اند و به صدور حکم برای جرایم مختلف می‌پردازند. از این‌رو، این واژه کمک چندانی به ما نمی‌کند. در زبان عبری، این عنوان معرف کسی است که بحرانی را به هر طریقی رفع می‌کرد. پس عمل داوران از طیف متنوعی برخوردار بود، از رفع یک مشکل قضایی و قانونی گرفته تا حل اختلافات دشوار محلی. همچنین می‌تواند به رهبری کردن مردم در نبرد علیه دشمنان ظالم و نیز به متحد کردن قوم علیه تهدید ناگهانی نیز دلالت کند. برخی از داوران قهرمانان محلی بودند اما بعضی نیز هدایت کل قوم اسرائیل را بر عهده می‌گرفتند و جایگاهی ملی می‌یافتند.

حقیقتی که به کرات دربارهٔ داوران گفته می‌شود این است که روح خداوند (یهوه) بر آنان قرار می‌گرفت. بدین‌سان، این نشانی برای آغاز عمل بود. داوران با قوتی که از روح خداوند دریافت می‌کردند به هدایت کاریزماتیک می‌پرداختند و اعمال شجاعانه‌ای انجام می‌دادند که نقل آن تا نسل‌ها ادامه می‌یافت. حال به ذکر چند نمونه که تماماً از کتاب داوران است می‌پردازیم:

> «پس روح خداوند بر عُتنِیئیل آمد، و او اسرائیل را داوری کرد. عُتنِیئیل به نبرد بیرون رفت.» (داوران ۳:۱۰)
>
> «آنگاه روح خداوند جدعون را در برگرفت (تحت‌الفظی در متن عبری، جدعون را به تن کرد، گویی روح خدا جدعون را مثل کُت پوشید) و او کَرِنا نواخت و اَبیعِزریان به رفتن از پی او فرا خوانده شدند.» (داوران ۶:۳۴)
>
> «آنگاه روح خداوند بر یَفتاح آمد، و او به‌سوی عَمّونیان رفت.» (داوران ۱۱:۲۹)
>
> «آن پسر (شمشون) بزرگ شد و خداوند او را برکت داد و روح خداوند در مَحَنِه‌دان به برانگیختن او آغاز کرد.» (داوران ۱۳:۲۴-۲۵)

«آنگاه روح خداوند بر او (شمشون) وزیدن گرفت و با اینکه چیزی در دست نداشت، شیر را چونان بزغاله‌ای پاره پاره کرد.» (داوران ۶:۱۴)

«آنگاه روح خداوند بر او وزیدن گرفت و او به اَشقِلون رفته، سی تن از مردان آن شهر را کشت و اموالشان را گرفته، جامه‌هایشان را به آنانی داد که پاسخ معما را گفته بودند. سپس با خشم بسیار به خانهٔ پدر خود بازگشت.» (داوران ۱۹:۱۴)

«آنگاه روح خداوند بر او (شمشون) وزیدن گرفت، و ریسمان‌هایی که بر بازوانش بود، مانند کتانی که به آتش سوخته شود گردید، و بندها از دستانش فرو ریخت. شمشون استخوان تازهٔ چانهٔ الاغی یافت و دست خویش دراز کرده، آن را برگرفت و هزار تن را با آن کشت.» (داوران ۱۴:۱۵-۱۵)

بسیار واضح است که در تمامی این آیات روح خدا با قدرت مترادف است. وقتی روح یهوه بر اشخاص قرار می‌گرفت، آنان دست به اعمال عظیم می‌زدند. اما در مورد شمشون امری بس نگران‌کننده روی می‌دهد. در مورد او قدرت، در توان بدنی فوق‌العاده خلاصه می‌شود. قدرت شمشون در ابتدا بی‌ضرر می‌نماید و گویی نشانی از برکت خدا است. اما در ادامهٔ داستان، توانایی شمشون به‌طرز فزاینده‌ای از کنترل خارج می‌شود. بدین‌سان، وقتی او از قدرت مافوق‌طبیعی برخوردار می‌شود، ضعف بشری‌اش بیشتر آشکار می‌گردد.

در کشور اوگاندا تبلیغی برای فروش تایرهای پیرِلی در بزرگ‌راه‌ها به‌چشم می‌خورد. در این تابلو مشتی بزرگ و سیاه رنگ دیده می‌شود. هریک از بندهای انگشت این مشت رو به پایین است و گویی شما را نشان گرفته است. هر بند انگشت شبیه تایر عظیمی است که آج‌های برجسته دارد. زیر این تصویر نوشته شده است: «قدرتِ بدون کنترل، هیچ است.» نکته‌ای در این عبارت وجود دارد که به‌لحاظ روحانی نیز قابل تأمل است. اگر شخصی کنترلش را از دست دهد، قدرت مافوق‌طبیعی

هیچ سودی در بر ندارد. قدرتِ عاری از کنترل مثل خارج شدن قطار در حال حرکت از ریل است که در نهایت فاجعه به‌بار می‌آورد.

این حقیقت دربارهٔ شمشـــون مصداق دارد. قدرتِ وعده داده شده و بخشیده شده از جانب خدا به‌خاطر رفتارهای سؤال‌برانگیز او به بی‌راهه می‌رود. قدرتی که روح خدا به او عطا کرده بود مورد سوءاســـتفاده قرار می‌گیرد و از مسیر خارج می‌شـــود. فکر نمی‌کنم که راوی این داستان‌ها بر آن اســـت که تأیید خدا را در پَس اعمال شمشـــون ببیند. ما در رفتار شمشون خشـــمی فزاینده و کنترل‌ناپذیر می‌بینیم و نباید بدون ملاحظه تمامی تجلیات قدرت را مقدس و بی‌عیب قلمداد کنیم. البته به این نکته باز خواهیم گشت.

شائول. شـــائول اگرچه اولین پادشاه قوم اســـرائیل است اما آخرین حلقهٔ ارتباطی با دورهٔ داوران نیز محســـوب می‌شود. او در ابتدای دوران سلطنتش بسیار شبیه داوران پیشین عمل می‌کرد. به بیانی دیگر، بین عصر داوران و دوران پادشاهی اســـرائیل، که در زمان داوود به اوج شکوفایی رســـید، به‌لحاظ رفتار رهبران نکات مشترک قابل‌ملاحظه‌ای وجود دارد. برای نمونه به اول ســـموئیل ۶:۱۱ توجه کنید که کاملاً شبیه رفتار سایر داوران است. «چون شائول این ســـخنان را شنید روح خدا بر او وزیدن گرفت و خشمش به شدت افروخته شـــد.» پس از این، شائول پیروزی بزرگی کسب می‌کند و در نتیجه به پادشاهی منصوب می‌شود.

اما نقش اولیهٔ روح خدا در داستان شائول، تأیید عمل سموئیل است که شائول را مسح می‌کند و به پادشاهی و رهبری قوم می‌گمارد.

> «آنگاه ســـموئیل ظرف را برگرفت و بر ســـر شائول ریخته، او را بوســـید و گفت: خداوند تو را مســـح کرده تا بر قوم او اسرائیل حاکم باشی.» (اول سموئیل ۱:۱۰)

و این با علائم مشـــخص دیگـــری تأیید می‌شـــود و این‌چنین گفتهٔ سموئیل برای شائول ثابت می‌شود. به این آیه توجه کنید:

«آنگاه روح خداوند بر تو وزیدن خواهد گرفت و با ایشان نبوت کرده به مردی دیگر مبدل خواهی شد.» (اول سموئیل ۱۰:۶)
«و البته، وقتی شائول روی گردانید تا از نزد سموئیل برود، خدا او را دلی دیگر داد. و در آن روز تمامی این نشانه‌ها به‌وقوع پیوست. به جِبَعه که رسیدند، دسته‌ای از انبیا به شائول برخوردند، و روح خدا بر او وزیدن گرفت و او نیز در میان ایشان به نبوت کردن مشغول شد.» (اول سموئیل ۱۰:۹-۱۰)
اما این تأیید اولیه در نتیجهٔ بی‌حکمتی و ناطاعتی روزافزون شائول از جانب خدا سلب شد. در این آیهٔ آمده است: «و اما روح خداوند شائول را ترک کرد.» (اول سموئیل ۱۶:۱۴). خدا اجازه داد روح دیگری بر شائول قرار گیرد که او را آزار می‌رسانْد و حالات روحی او را برهم می‌زد. بر او افسردگی و حسادتی مرگبار غالب شد چنانکه قصد جان داوود را کرد. (اول سموئیل ۱۸:۱۰-۱۱)

بنابراین، مطالعهٔ این متون ما را وا می‌دارد تا تجلیات روح را در دوران آغازین حیات قوم اسرائیل به‌دلیل رازآلودگی با دقت بیشتری بررسی کنیم. چنانکه دیدیم روح خدا که تجلی عمل خدا است، روحی است نیکو که به حیات غنا می‌بخشد. این روح به اشخاص توانایی و تبحر می‌دهد و آنها را سرشار از خلاقیت و مهارت می‌کند. این روح می‌تواند توانایی بالا برای رهبری عطا کند و شهامت را در دل اشخاص شعله‌ور سازد. روح خدا همچنین می‌تواند به‌طرزی پیش‌بینی‌ناپذیر، آنی و غافلگیرانه عمل کند. اشخاصی که عامدانه رفتاری لجام‌گسیخته و خارج از کنترل در پیش می‌گیرند ممکن است روح خدا را مورد بدرفتاری قرار دهند. بدین‌سان، روح خدا از کسانی که بر ناطاعتی و حماقت‌شان اصرار می‌ورزند گرفته می‌شود.

در اینجا برای همهٔ ما هشداری وجود دارد. قدرت روح خدا ممکن است با توانایی‌های گوناگون اما مبهم انسانی گِره بخورد. اما نباید هرآنچه به اصطلاح تجلیات روح قلمداد می‌شود، بدون نقد، عمل ناب خدا در نظر گرفته شود. تجلیات روح ممکن است با جلوه‌های ناخوشایندی از جاه‌طلبی‌های خودمحورانهٔ انسان در هم بیامیزند. این تجلیات ممکن

است به شیوه‌هایی به‌کار گرفته شوند که خارج از کنترل و به‌طور بالقوه ویران‌گر شوند.

از این‌رو، به حکمت و درایت نیاز داریم. یوحنا می‌گوید: «روح‌ها را بیازمایید که آیا از خدا هستند یا نه» (اول یوحنا ۱:۴). مسیح نیز فرمود که نه هر که معجزات انجام دهد- که اغلب به روح خدا نسبت داده می‌شود- به یقین در پادشاهی خدا است (متی ۲۱:۷-۲۳). در فصل بعد با بررسی انبیای دروغین، بیشتر به این نکته می‌پردازیم.

قدرت با فروتنی

این بخش تماماً به متن کتاب اعداد باب‌های ۱۱-۱۴ اشاره دارد. این باب‌ها به روزگار خاصی در ایام حیات پرتلاطم موسی می‌پردازند. شاید بهتر است قبل از ادامهٔ این قسمت، این باب‌ها را مطالعه کنید. در حین مطالعه قطعاً متوجه اشارات مربوط به‌عمل روح خدا می‌شوید. اگرچه تعداد آنها زیاد نیست و اساساً شمار آنها در زندگی موسی کم است، ولی قوم اسرائیل به‌خوبی می‌دانستند که خدا به‌طرز نیرومندی از طریق روحش در زندگی و خدمات موسی فعال است. برای نمونه، به ارزیابی اشعیای نبی، که پس از موسی بود، از ایام موسی توجه کنید:

> «اما قوم او ایام قدیم را به‌یاد آوردند، یعنی ایام موسی را: کجاست آن که ایشان را با شبان گله‌اش از میان دریا عبور داد؟ کجاست آن که روح قدوس خود را در میان ایشان نهاد، و بازوی شکوهمندش را به دست راست موسی به حرکت در آورد؟ که آب‌ها را پیش روی ایشان شکافت تا آوازه‌ای جاودانی برای خویشتن کسب کند، و ایشان را از ژرفاها عبور داد؟ همچون اسب در بیابان، زمین نخوردند؛ همچون چارپایانی که به وادی فرود آیند، روح خداوند ایشان را استراحت بخشید. آری، تو این چنین قوم خود را رهبری کردی، تا نامی شکوهمند برای خود کسب کنی.» (اشعیا ۶۳:۱۱-۱۴)

در همین باب در آیهٔ ۱۰ به عصیان قوم اسرائیل و محزون ساختن روح‌القدس اشاره می‌کند. این دو از معدود متن‌های عهدعتیق‌اند که در آنها به روح خدا، روح‌القدس گفته می‌شود. واضح است که تأکید اصلی متن بر عمل روح خدا در رهایی قوم اسرائیل از مصر و همچنین اِعطای سرزمین تازه است. اما به‌همان اندازه نیز عملکرد روح خدا با نقش رهبری موسی بر قوم اسرائیل گِره می‌خورد، و نقش موسی حائز اهمیت می‌شود. بنابراین، موسی واسطهٔ انسانیِ روح خدا است. پس می‌توان موسی را الگوی رهبری پر از روح قلمداد کرد. قدرت خدا به‌وضوح در رهبری او آشکار بود. با این‌حال با وفاداری خدمت می‌کرد، چنانکه نامهٔ عبرانیان می‌گوید: «موسی در تمام خانهٔ خدا امین بود.» (عبرانیان ۵:۳)

حال بیایید به نشانه‌های حضور و عمل روح خدا در رهبری موسی در این بخش از کتاب اعداد بپردازیم. در خدمت موسی، قدرت الهی به‌وضوح نمایان بود ولی این قدرت بدون غرور اِعمال می‌شد. قدرتی که در آن حسادت و جاه‌طلبی نقشی نداشت.

قدرت بدون غرور

«حال موسی مردی بسیار حلیم بود، بیش از تمامی مردمان روی زمین.» (اعداد ۳:۱۲)

این عبارت شهادتی قابل‌ملاحظه دربارهٔ موسی است. واژه‌ای که در این آیه ’حلیم‘ ترجمه شده در متن عبری ’عاناو‘ است که بار حِلم و افتادگی دارد (برای نمونه نگاه کنید به امثال سلیمان ۳۴:۳ و نیز ۱۹:۱۶ که در آنجا در تضاد با غرور قرار می‌گیرد). اما این واژه اغلب به‌جای آن که مُعرفِ حالت درونی یا فضیلتی شخصی باشد به‌حالت بیرونی فرد پس از تحمل آزار از دیگران اشاره دارد. ’عاناو‘ شخصی را به تصویر می‌کشد که در طبقه‌بندی اجتماعی پایین است و تحت آزار دیگران قرار دارد. شخصی که به او ظلم شده و از جانب دیگران تحقیر می‌شود (امری که به کرات در مورد موسی، حتی به‌عنوان رهبر، به‌چشم می‌خورد).

موارد بسیار کاربرد این واژه به روایت افرادی می‌پردازد که به طرق مختلف مورد آزار و تحقیر دیگران قرار گرفته‌اند. به افرادی اطلاق دارد که به‌نوعی ضعیفند. آنان فاقد قدرت و منابع لازم برای دفاع از خود هستند. توصیف موسی به‌معنای حلیم‌ترین شخص بدان معناست که او عادی‌ترین شخص قلمداد می‌شد و خداوند از چنین شخصی مطالباتی فوق تصور داشت و قومش فشاری طاقت فرسا بر او وارد آوردند.

در اینجا با امری خلاف انتظار روبه‌روییم، زیرا ضعفا فاقد قدرتند اما موسی قدرتی شگفت‌انگیز داشت. حتی مورخان جهان نیز موسی را در زمرهٔ بزرگ‌ترین رهبران تاریخ بشر، که سرنوشت ملتی را رقم زد، قرار می‌دهند. موسی پس از ابراهیم که «پدر قوم قلمداد می‌شد»، قوم اسرائیل را از مُشتی بردگان فراری به ملتی تبدیل کرد و آنها را به مرزهای سرزمین موعود یا کنعان رساند. موسی رهبری بزرگ اما در عین‌حال خادمی بسیار افتاده بود. او رهبر و خادم بود. خادمی رهبر یا رهبری خادم. ولی آیا می‌توان هر دو ویژگی‌ها را هم‌زمان داشت؟ مطابق کلام خدا، پاسخ بلی است. کلام خدا هر دو خصوصیت متناقض‌نما را در موسی تأیید می‌کند. راز قدرت موسی در عمل روح خدا قرار داشت و راز افتادگی‌اش در عدم کفایتش.

حال به کتاب اعداد باب ۱۱ نگاه کنیم و یکی دیگر از فریادهای اعتراضی قوم علیه موسی را ببینیم. این فریاد در مورد اساسی‌ترین نیاز بشر، یعنی خوراک است. خداوند برای قوم مَنّا فراهم کرد که در بیابان معجزه‌ای شگرف بود. اما برای قوم اسرائیل این خوراک کافی نبود. «اما گروه ناهلی که در میان ایشان بودند، به‌شدت حرص خوراک داشتند» (اعداد ۴:۱۱) و فهرست خوراکی‌های مصر را برشمردند: ماهی، خیار، خربزه، تره، پیاز و سیر (رژیم غذایی واقعاً سالمی است هرچند با چاشنیِ شلاق بردگی همراه بود). پس قوم شِکوه کردند که اشتهای خود را از دست داده‌اند و تقاضای خوردن گوشت کردند. طبق معمول، موسی در مرکز شکایت قوم قرار می‌گرفت. موسی با چالشی جدید روبه‌رو شد و باید اقدامی تازه می‌کرد. او چگونه می‌توانست در اَسرَع وقت به

این بحران پاسخ دهد؟ موسی چنین واکنش نشان داد، هرچند خوشایند نبود.

> موسی شنید که قوم در همهٔ طایفه‌هاشان هریک بر در خیمهٔ خود می‌گریند. پس خشم خداوند سخت شعله‌ور شد، و در نظر موسی نیز ناپسند آمد. موسی به خداوند گفت: «چرا با خدمتگزار خود به بدی عمل کردی؟ و چرا در نظرت فیض نیافتم، که بار تمامی این قوم را بر من نهادی؟ آیا من به همهٔ این قوم آبستن شده‌ام؟ یا من ایشان را زاده‌ام که به من می‌گویی، "همچون دایه که طفل شیرخواره را می‌بَرد، آنان را بر سینهٔ خود ببر"، به سرزمینی که برای اجدادشان قسم خوردی؟ گوشت از کجا فراهم کنم تا به همهٔ این قوم بدهم؟ زیرا نزد من گریان می‌گویند: "ما را گوشت بده تا بخوریم." من به تنهایی یارای حمل تمامی این قوم را ندارم؛ این بار برای من بسیار سنگین است. اگر می‌خواهی با من بدین‌گونه عمل کنی، پس اگر در نظرت فیض یافته‌ام مرا به یکباره بِکُش تا تیره‌بختی خود را نبینم!» (اعداد ۱۱:۱۰–۱۵)

عجب واکنشی! سخنان موسی چه پایان دردناکی دارد (اگر دوستم داری مرا بکش). در این صحنه اثری از رهبری مقتدر دیده نمی‌شود. در اینجا با تصویری پرصلابت از شخصی که با اطمینان کامل دقیقاً می‌داند چه باید بکند روبه‌رو نیستیم. موسی تصویر جیمز باند را تداعی نمی‌کند. برعکس، شخصی را می‌بینیم درمانده و غرق ترس که هیچ نمی‌داند و هیچ ندارد تا با آنها به مشکل پاسخ دهد. خودکفایی؟ این ویژگی حتی به میزان اندکی هم در او دیده نمی‌شود.

البته این روایت همیشگی موسی در برخورد با بحران‌ها نیست. به‌یاد دارید وقتی در جوانی شاهزاده‌ای مصری بود چه کرد؟ وقتی بی‌عدالتی را دید، سریع اقدام کرد و خاطی را به سزای عملش رساند. فقط دو آیه کافی است که هم مشکل و هم پاسخ را ارائه دهد! (خروج ۲:۱۱–۱۲). تشخیص مشکل و سپس دفن آن! اما این‌گونه نبود. موسی دریافت

که اقدام بر اساس تشـــخیص و راه‌حل‌های شخصی، چه بهای سنگینی می‌تواند داشته باشـــد. این باعث می‌شد او برای مدتی طولانی از صحنه خارج شود.

بار دیگر در پای بوتهٔ ســـوزان با موسی روبه‌رو می‌شویم. در این فضا با شخصی متفاوت که عمیقاً تغییر کرده است، دیدار می‌کنیم. موسی پس از ۴۰ سال سر و کله زدن با گلهٔ پدر زن و دخترانش تغییر کرده است. در اینجا با موسایی مواجه می‌شویم که عمیقاً به بی‌کفایتیِ خود پی برده است و می‌گوید «خدایا، هرکســـی غیر از من.» خدا او را دعوت به بازگشت به مصر می‌کند تا این بار راه‌حل خدا را برای رفع مشکل به‌کار گیرد.

باز موسی را در مواجهه با مشکلات دیگر خواهیم دید. اما برخورد او با مشکلات چگونه است؟ آیا کســـی را می‌بینیم که راهکارهاری متنوع و مؤثری برای برخورد با مشـــکلات عدیده در پیش می‌گیرد؟ آیا گروه‌های مختلف امداد تشکیل می‌دهد؟ خیر، بلکه اغلب با فردی روبه‌رو می‌شویم که کم آورده و کشتی‌اش به گِل نشسته است. این عبارت را به کرات راجع به موسی می‌خوانیم: «موسی در برابر خداوند به روی درافتاد» (اعداد ۵:۱۴، ۴:۱۶، ۲۲ و ۶:۲۰). چنین رویکردی بیانگر رهبریِ خودکفا نیســـت، بلکه توصیف‌کنندهٔ افتاده‌ترین فرد روی زمین اســـت. در واقع، موسی شخصی آزاد بود و بزرگ‌ترین آزادی او رهایی از غرور و احساس خودکفایی بود.

این به‌دلیل ناتوانی و بی‌اســـتعدادی موسی نبود. در روایت عهدعتیق چیزی دربارهٔ نحوهٔ پرورش موسی در دربار فرعون نمی‌بینیم، اما استیفان در ایـــن زمینه به یاری‌مان می‌آید: «موســـی به جمیـــع حکمت مصریان فرهیخته گشـــت و در کردار و گفتار توانا شـــد» (اعمال ۲۲:۷). یهودیان همچنین تصوراتی از نحوهٔ زندگی موسی در دربار فرعون داشتند و دربارهٔ لذات و ثروت آن نوع زندگی صحبت می‌کردند (عبرانیان ۱۱:۲۵-۲۶). از این‌رو، ما دربارهٔ فردی صحبت می‌کنیم که احتمالاً به چند زبان مسلط بوده و شـــاید در امور بین‌الملل و تنظیم عهدنامه‌ها نیز نقش داشته است. به احتمال زیاد در هنرهای نظامی و مهارت‌های سیاسی نیز دستی بر آتش داشته اســـت. همچنین، فردی که در ۸۰ سالگی در برابر یک امپراطوری

قرار می‌گیرد باید از توان بدنی قابل‌ملاحظه‌ای برخوردار باشد. موسی در صدوبیست سالگی بالای کوه می‌رود تا با چشمانی سالم بر کران‌ها بنگرد. بدون شک موسی از توانمندی بالای جسمانی برخوردار بود.

اما حتی با وجود این توانمندی‌ها و استعدادها، موسی به آنها وابسته نبود و از آنها قوت و امنیت کسب نمی‌کرد. موسی به‌جای خود بر خداوند توکل می‌کرد و این بهترین کار ممکن در همهٔ زمان‌هاست. خداوند نیز قدم بعدی را برایش مشخص کرد.

«پس خداوند به موسی گفت: «هفتاد تن از مشایخ اسرائیل را که می‌دانی مشایخ قوم و صاحب‌منصبان آنانند، نزد من گرد آور و ایشان را به خیمهٔ ملاقات بیاور تا در آنجا با تو بایستند. و من نازل شده، در آنجا با تو سخن خواهم گفت، و از روحی که بر توست گرفته، بر ایشان خواهم نهاد تا با تو بار این قوم را حمل کنند و تو به تنهایی آن را حمل نکنی.» (اعداد ۱۱:۱۶-۱۷)

از این مطالب می‌توان به دو بصیرت دربارهٔ فروتنی موسی رسید:
۱) اتکا بر روح خدا. شاید بر اساس بخش‌های اولیهٔ داستان به تأثیر روح خدا بر موسی پی نبرده باشیم، اما روح خدا «بر موسی» قرار داشت. ممکن است حتی خود موسی متوجه این حقیقت نبوده باشد. بدیهی است وقتی چند صد هزار نفر از شما تقاضای خوراک گرم (و غیرگیاهی) دارند، عطایای روحانی خود را فراموش کنید. در این شرایط بغرنج تنها روح خدا می‌توانست پاسخگوی وضعیت موجود باشد، زیرا رفع مشکل به‌کلی از توان موسی خارج بود.

و این دقیقاً درسی است که در اینجا می‌آموزیم، اینکه کم آوردنِ انسان، فرصتی برای بروز قدرت خدا است. پولس رسول به‌خوبی این درس را طی خدمت بسیار سخت خود آموخته بود.

«ما چنین اطمینانی به واسطهٔ مسیح در حضور خدا داریم. نه آنکه خود کفایت داشته باشیم تا چیزی را به حساب خود بگذاریم، بلکه کفایت ما از خدا است.» (دوم قرنتیان ۳:۴-۵)

«اما این گنجینه را در ظروفی خاکی داریم، تا آشکار باشد که این قدرت خارق‌العاده از خدا است نه از ما.» (دوم قرنتیان ۷:۴)
اما مرا گفت: «فیض من تو را کافی است، زیرا قدرت من در ضعف به کمال می‌رسد.» پس با شادیِ هرچه بیشتر به ضعف‌هایم فخر خواهم کرد تا قدرت مسیح بر من ساکن شود. از همین رو، در ضعف‌ها، دشنام‌ها، سختی‌ها، آزارها و مشکلات، به‌خاطر مسیح شادمانم، زیرا وقتی ناتوانم، آنگاه توانایم. (دوم قرنتیان ۱۲:۹-۱۰)

ببینید کلمات این سرود معروف چقدر زیبا این حقایق را بیان می‌کنند:

«او ضعف‌هایمان را مغتنم می‌شمارد،
تا جلال از آنِ او شود.»

۲) پذیرش حضور روح خدا در دیگران. موسی باید این نکته را می‌پذیرفت که نه تنها باید به خدا متکی باشد، بلکه همچنین باید به اشخاص دیگری که روح خدا در آنها نیز قرار داشت، اتکا می‌کرد. رهبری متأثر و تحت هدایت روح خدا، رهبری گروهی و اشتراکی است. در واقع، پذیرش این نکته فروتنی بیشتری می‌طلبد تا صِرفاً اتکا به خدا. برخی از ما بسیار مشتاق توکل و اعتماد به خدا هستیم اما اعتماد به دیگران، برای‌مان مقوله‌ای مبهم و بدبینانه می‌نماید. اما همین امر، یکی از نشانه‌های حضور و عمل روح خدا در شخص است. رهبری خدمتگزار همچون موسی، می‌تواند با فروتنی عطایای الهی را در دیگران تشخیص دهد و رهبری را با آنها تقسیم کند. غرور می‌گوید: «اگر به قوت و استعداد خودم کار جلو نرود، آنگاه از امتیاز منحصربه‌فرد خود که همانا قدرت الهی است برای پیش بردن کار بهره می‌جویم.» به دیگر سخن، «اگر خود نتوانم کار را انجام دهم، پای خدا را وسط می‌کشم، اما در هر حال کارها باید به‌واسطهٔ من صورت گیرند.» اما فروتنی می‌گوید: «هم خدا می‌داند و هم خودم که به تنهایی قادر به انجام امور نیستم. پس از خدا می‌خواهم یارانی پر از روح خدا به من عطا کند و هرچه تعدادشان بیشتر، انجام امور سهل‌تر. به آنها همانقدر نیاز دارم که به خدا محتاجم.»

قدرت بدون حسادت. روایت رهبری موسی حرکت از یک مشکل به مشکل بعدی است. به این آیات توجه کنید.

> پس موسی بیرون آمده، سخنان خداوند را به قوم باز گفت. و هفتاد تن از مشایخ قوم را گرد آورد و ایشان را گرداگرد خیمه قرار داد. آنگاه خداوند در ابر نازل شده، با موسی سخن گفت و از روحی که بر وی بود، گرفته، بر آن هفتاد شیخ نهاد. و چون روح بر ایشان قرار گرفت، نبوت کردند ولی بدان ادامه ندادند. اما دو مرد در اردوگاه باقی مانده بودند که نام یکی اِلداد بود و نام دیگری میداد، و روح بر ایشان نیز قرار گرفت. ایشان در زمرهٔ ثبت‌شدگان بودند، اما به خیمه بیرون نرفته بودند، و در اردوگاه نبوت کردند. آنگاه جوانی دوان دوان رفته، موسی را خبر داده، گفت: «اِلداد و میداد در اردوگاه نبوت می‌کنند.» پس یوشَع پسر نون که از جوانی دستیار موسی بود، گفت: «ای سرورم، موسی، ایشان را بازدار.» (اعداد ۱۱:۲۴-۲۸)

رهبریِ تفویض‌شده در تئوری ساده به نظر می‌آید اما می‌تواند به هرج و مرج نیز ختم شود، یا حداقل زمانی که اصطلاحاً با «شرایط خارج از کنترل» روبه‌رو می‌شویم. موسی مشتاق بود دیگران را در منبع قدرت رهبری، که همانا روح خدا بود، سهیم سازد و در نتیجه امور اجرایی را با دیگران تقسیم کرد. همین گرایش نشان می‌دهد که او روحیه‌ای خدمتگزار و فروتنیِ عمیقی داشت که از بلوغ روحانی‌اش نشأت می‌گرفت.

اما ناگهان واقعه‌ای پیش‌بینی‌ناپذیر روی می‌دهد که در آن عمل روح خدا مشهود است. نمی‌توان به‌وضوح گفت که مشکل چه بود و در عمل چه اتفاق افتاده بود. اما می‌توان حدس زد که داستان، ریشه در دریافت روح خدا دارد. موسی و شصت‌وهشت شیخ از روح خدا در خیمهٔ ملاقات پر شده بودند و خیمه خارج از اردوگاه قوم اسرائیل قرار داشت. در این حین، دو شخص به‌نام اِلداد و میداد در اردوگاه و خارج از نظارت و کنترل موسی از روح خدا پر شده بودند. این امر می‌توانست به‌راحتی

تبدیل به مشکلی جدی شود. پر شدن از روح امری مبارک است به‌شرط آنکه تحت هدایت و نظارت باشد و بتوانیم از امور آگاهی داشته باشیم. اما بدون نظارت، بدون مجوز و تأیید رسمیِ رهبری، که می‌داند اوضاع به کجا ختم خواهد شد؟ احتمالاً چنین دغدغه‌هایی صدای اعتراض یوشع، رهبر شمارهٔ دو قوم را برآورد. یوشع به موسی گفت: «سرورم، ایشان را بازدار.»

چه حقیقتی در پَس این درخواست آنی و بی‌پروای یوشع وجود دارد؟ البته متن این را به ما نمی‌گوید. تنها توضیح متن آن است که یوشع دستیار موسی بود. هویت و جایگاه یوشع کاملاً با موسی عجین شده بود. شاید یوشع احساس می‌کرد که اقتدار و موقعیتش به خطر افتاده است. اگر دیگران کاری کنند که تنها در حیطهٔ وظایف موسی است، چه بر سر ما می‌آید؟ از سوی دیگر، چرا خود یوشع از تجلیات روح در این داستان (تا آنجا که می‌دانیم) برخوردار نیست؟ نگرانی یوشع آن است که اِلداد و میداد در نتیجهٔ برخورداری از روح خدا بخواهند پا جای پای موسی بگذارند و سهمی از رهبری قوم اسرائیل را برای خود بطلبند. و نیز چرا باید گروه مشایخ و یوشع که منتخبین رهبری هستند اِلداد و میداد را به رسمیت بشناسند؟ آن دو که حتی زحمت آمدن نزد مشایخ را نیز به خود ندادند! شایان توجه است که معمولاً دور «اشخاص برجسته» را گروهی خاص اِشغال می‌کنند (نمی‌دانم این کار طبیعی است یا تعمدی؟). گویی کار اصلی این گروه خاص، این است که جایگاه «رهبر معظم» را همیشه پاس بدارند، مبادا از عرش به فرش بیفتد. هر چه از اقتدار رهبر شمارهٔ یک بکاهد، تهدیدی جدی برای رهبر شمارهٔ دو به‌حساب می‌آید. از این‌رو، یوشع به موسی با احترام گوشزد می‌کند که سریعاً جلوی این روند خطرناک را بگیرد. پاسخ موسی اما عالی است:

> آیا تو به خاطر من حسد می‌بری؟ کاش تمام قوم خداوند نبی بودند و خداوند روح خود را بر ایشان افاضه می‌کرد. (اعداد ۲۹:۱۱)

تصورم آن است که چشمان موسی هنگام گفتن این جمله به یوشع می‌درخشید. یوشع، آیا واقعاً نگران منی یا خودت؟ هیچ‌یک از این

اتفاقات ذره‌ای نگرانی برای من به‌وجود نمی‌آورند. پس ای یوشع، چرا آشفته‌ای؟ موسی هیچ حسادتی نداشت و هیچ تهدیدی برای جایگاه و شأن و منصبش حس نمی‌کرد. موسی نمی‌خواست یگانه دریافت‌کنندهٔ روح خدا و هدایایش باشد. اگر خدا می‌خواهد دیگران نیز از مواهب الهی لذت برند (اگر لذت واژهٔ صحیحی باشد) و دریافت روح خدا و تجلیات آن را تجربه کنند، موسی هم همین را می‌خواهد. شایان ذکر است که عمل روح خدا را نباید صرفاً در یک تجلی (در اینجا نبوت) خلاصه کرد. کارهای بسیاری می‌باید انجام می‌شد. سیر کردن مردم گرسنه نیز بخشی از خدمات محسوب می‌شد. اما در این داستان به‌خوبی دیدیم قدرتی که موسی از روح خدا دریافت می‌کرد عاری از حسد بود. موسی با شادی آنچه را که داشت تقسیم می‌کرد. اگر خدا خواهان اعطای روحش در سطح وسیع است، موسی نیز از این امر استقبال می‌کرد.

دوباره به این موضوع فکر می‌کنم که چه چیزی در پَس این گفتهٔ موسی قرار داشت؟ چه چیزی موسی را به‌سوی این آرزو سوق می‌داد که همه روح خدا را داشته باشند؟ به‌تدریج در کلام خدا و از جانب انبیا درمی‌یابیم که خدا در پی تحقق همین امر است (در این باره در فصل ۵ بیشتر سخن خواهم گفت) و در روز پنطیکاست آرزوی موسی جامهٔ عمل پوشید.

شاید بتوان پاسخ را در اکراه او برای رهبری دانست. موسی در پی رهبری قوم اسرائیل نبود و تمام تلاشش را کرد تا از آن سر باز زند. آیا این نگرشی نهادینه بود که هرگز از آن رهایی نیافت؟ بله، موسی با وفاداری دعوت الهی را پذیرفت و قومش را با قدرت روح خدا رهبری کرد. اما دلیل پذیرش این نبود که از رهبری لذت می‌برد یا از ته دل می‌خواست طعم اول بودن را بچشد. برعکس، او می‌کوشید از آن فاصله بگیرد تا دیگران این جایگاه را تصاحب کنند. شاید بتوان در گفتهٔ موسی طنزی یافت که انتظار شنیدنش را از اشخاصی که با روح خدا پر شده‌اند نداریم. گویی موسی می‌گوید، «اگر همه روح خدا را داشتند، زندگی‌ام این‌قدر تحمل‌ناپذیر نبود. همه می‌توانستند نبوت کنند و از مشکلات‌شان

خلاصی یابند.» این مسئله ارزش تفکر بیشتر دارد. بهترین رهبران کسانی هستند که تمایلی به رهبری ندارند و برعکس اشخاصی که از ته دل خواستار قدرت و منزلتند معمولاً در شمار بدترین رهبران قرار می‌گیرند.

اما عمیق‌تر از آن، پاسخ موسی به یوشع به احتمال قوی از امنیتی ناشی می‌شد که موسی در نتیجهٔ رابطهٔ شخصی‌اش با خدا از آن برخوردار بود. چنانکه گفته شد موسی هیچ حسادتی در مورد برخورداری دیگران از روح خدا نداشت چون اصلاً نیازی به حسادت‌ورزی نبود. زیرا هیچ چیز نمی‌توانست صمیمیتی را که در رابطه با خدا داشت تضعیف کند یا به مخاطره اندازد. خدا نیز خود این حقیقت را در باب بعدی بیان کرد و به گرمی از موسی سخن گفت:

> «اما خدمتگزارم موسی، در همهٔ خانهٔ من امین است. با او روبه‌رو سخن می‌گویم، آشکارا نه با رمزها؛ او شمایل خداوند را نظاره می‌کند.» (اعداد ۱۲:۷–۸)

عبارت آخر این آیه «شمایل خداوند» هر اندازه هم که رازآلود باشد، باز از حقیقتی انکارناپذیر سخن می‌گوید و آن رابطهٔ بسیار نزدیک موسی و خدا است. موسی می‌دانست که کیست و می‌دانست خادم چه کسی است. در واقع، خدمتگزار خدا بودن، هویتش را شکل می‌داد و جایگاه و شأنش را تعریف می‌کرد. هیچ چیز نمی‌توانست به این هویت و جایگاه لطمه‌ای وارد کند. موسی در این حقیقت کاملاً ایمن بود. حتی زمانی که با خشم به خدا اعتراض می‌کرد و با حالتی غم‌زده از خدا می‌خواست که به زندگی‌اش خاتمه دهد، باز همهٔ این حالت‌ها را در چارچوب رابطهٔ صمیمی‌اش با خدا بیان می‌کرد. تنها نزدیک‌ترین اشخاص به خدا می‌توانند با او چشم در چشم «در عبری چهره در چهره» سخن بگویند. موسی همین رابطه را در باب ۱۴ تکرار می‌کند که به آن خواهیم پرداخت.

بنابراین، امنیت عمیق و لرزه‌ناپذیر موسی که نتیجهٔ رابطهٔ صمیمی‌اش با خدا بود، هر نوع حسادت به دیگران را از او می‌زدود. موسی نیاز نداشت بر اقتدار، جایگاه و امتیازات رهبری‌اش پافشاری کند. او نیاز

نداشـــت فقط خود را مجرای عمل روح خدا بداند یـــا آن را فقط از آنِ خود بخواند. موسی می‌توانست قدرت الهی را به‌کار برد زیرا فروتنی‌اش قدرتی به او می‌بخشید که عاری از هر نوع حسادت بود.

اشــخاص ارباب‌منش، معمولاً از ناامنی درونی رنج می‌برند. افرادی که نســبت به هویت و روابط خود حس خوبی ندارند، کمبود این خلاء درونی را با اِعمال زور و ســلطه بر دیگران پُر می‌کنند. تشــنگان قدرت و سلطه‌جویان، جوامع بشــری را در همهٔ سطوح مغشوش می‌سازند و متأسفانه شــاهد این وقایع در میان مسیحیان نیز هســتیم. زیر چهرهٔ به ظاهر مقتدر این ســلطه‌جویان، تلاشی جریان دارد که طی آن شخص در پی اثبات امری به خود، جهان، کلیســا یا خدا اســت. چنین افرادی باور دارند که «بزرگم چون قادر به انجام این کار هستم.» یا «آن‌قدر بزرگم که می‌توانم شما را وادار به انجام کاری بکنم.»

اما در نقطهٔ مقابل، فروتنی واقعی مُعرفِ شخصیتی است که با خود و خدا در صلح و آرامش به‌ســر می‌برد؛ وقتی فرد می‌داند حیاتش با مسیح پیوند خــورده و در خدا امنیتِ وجودیِ کامــل دارد و هیچ چیز و هیچ کس نمی‌توانــد آن را بگیرد. وقتی می‌دانیم که هویــت و امنیت‌مان در فیض خدا مهیا شــده است و نیاز نیست با عمل خود در پی اثبات امری باشــیم، آرامش ما را در بر خواهد گرفت؛ وقتی می‌توانیم با اطمینان در این حقیقت زندگی کنیم که همه چیز در آســمان و بر زمین از آنِ ماست و ما از آنِ مسیح و مسیح از آنِ خدا است (اول قرنتیان ۳:۲۱-۲۳). وقتی این حقایق خودآگاه و ناخودآگاه ما را لبریز سازد، دیگر جایی برای غرور باقی نمی‌ماند. دیگر چگونه می‌توان حســادت ورزید؟ دیگر احســاس تهدید نمی‌کنیم و نگران از دست دادن چیزی نخواهیم بود، چون چیزی را از دست نخواهیم داد.

همیشــه براین باور بــوده‌ام که بهترین راه آموختنِ فروتنی، دســت برداشتن از تلاش اســت. این امر در خود حاوی تناقضی نمادین است. فروتنیِ خود-ناآگاهانه ثمرهٔ افتخاری اســت که فرد به‌خاطر جایگاهش در مســیح به‌عنوان فرزند و خادم خدا کسب کرده است. هرچه بیشتر از

جایگاه خود در مسیح در برابر خدا مسرور باشیم، کمتر به حفظ موقعیت خود در برابر دیگران می‌اندیشیم. این دقیقاً همان درسی بود که عیسی به شاگردانش به هنگام شستن پاهاشان داد (یوحنا ۱۳:۱۳-۱۵). یوحنا با دقت بسیاری می‌گوید: «عیسی می‌دانست پدر همه چیز را به‌دست او (قدرت او) سپرده است و از نزد خدا آمده و به نزد او می‌رود» (یوحنا ۱۳:۱۳). منطق این جمله خیلی واضح است. یوحنا نمی‌گوید که عیسی علی‌رغم اینکه این را می‌دانست، با این‌حال پاهاشان را شست، بلکه چون این چیزها را می‌دانست چنین کرد. عیسی به‌خاطر امنیت کاملی که در رابطه‌اش با پدر آسمانی‌اش داشت و کاملاً از هویت و غایت خود آگاه بود، تنها شخص در آن اتاق بود که آنقدر از درون آزاد بود که می‌توانست چون غلام خدمت کند. شاگردان برعکس با بُخل و حسادت با هم بحث می‌کردند تا بدانند چه کسی از همه بزرگتر است. اما عیسی که می‌دانست پسر خدا است، برای خدمت به دیگران آزاد بود. این همان قدرت بدون حسادت است، در واقع، قدرتی است که برای خدمت دیگران به‌کار می‌رود.

آیا می‌خواهی مثل موسی فروتن باشی؟ می‌خواهی از قدرتی که از روح خدا جاری می‌شود اما بری از غرور و حسادت است برخوردار شوی؟ اگر پاسخ بلی است، باید ذهن و ضمیر خود را با این حقیقت پر کنید که روح‌القدس شما را فرزندان خدای زنده کرده است. شما پسران و دختران پادشاه کائنات هستید. چه شأن و جایگاهی بالاتر از این وجود دارد؟ در این حقیقت فخر کنید، آنگاه جوانه‌های فروتنی به آرامی، در عمق وجودتان همچون میوه‌ای خوش‌رایحه شکوفه خواهند زد. این میوه همان ثمرهٔ روح است.

قدرت بدون جاه‌طلبی. داستان موسی با قوم اسرائیل وارد مرحلهٔ دیگری می‌شود. قوم اسرائیل در باب ۱۳ کتاب اعداد به مرز سرزمین موعود می‌رسند و جاسوسان بدانجا فرستاده می‌شوند. اما گزارش اکثر آنها چنان وحشت‌انگیز است که قوم از ورود به سرزمین کنعان سر باز می‌زنند. از این‌رو، در باب ۱۴ بار دیگر با عصیان و شکایت قوم علیه موسی، که

تبدیل به بیماری مزمنی شده است، روبه‌رو می‌شویم. در ابتدا مردم تصمیم می‌گیرنـــد رهبر دیگری برگزینند تا به مصر بازگردند. اما وقتی موســـی و هارون به‌همراه یوشـــع و کالیب می‌کوشـــند تا قوم را از عصیان علیه خدا بازدارند، روند امور به‌طرز فزاینده‌ای ناخوشایند می‌شود.

> اما جماعت جملگی می‌گفتند که باید ایشان را سنگسار کرد. آنگاه جلال خداوند در خیمهٔ ملاقات بر تمامی بنی‌اسرائیل ظاهر شد و خداوند به موسی گفت: «تا به کِی این قوم مرا خوار می‌شمارند؟ و تا به کِی با وجود تمام آیاتی که در میان ایشان به عمل آورده‌ام، به من ایمان نمی‌آورند؟ ایشـــان را به بلا زده، طرد خواهم کرد و از تو قومی عظیم‌تر و نیرومندتر از ایشان به وجود خواهم آورد.» (اعداد ۱۴:۱۰-۱۲)

خداوند مجدداً در پی آن اســـت که قوم اســـرائیل را از میان بردارد و همه چیز را با موســـی از نو شروع کند. مشابه چنین واقعه‌ای را در کتاب خروج باب‌های ۳۲ و ۳۴ نیز می‌بینیم، زمانی که قوم در دامنهٔ کوه ســـینا، وقتی موســـی ده فرمان را بالای کوه دریافت می‌کرد، مشـــغول ساختن گوساله‌ای طلایی بودند و از خدا روی گرداندند. خداوند به موسی گفت که در صدد است تا از شـــرّ این ملت یاغی خلاص شود و قوم جدیدی را با موسی آغاز کند. به‌یقین، این وقایع وحشتناک یکی در پای کوه سینا و دیگری در این محل به نام قادِش بَرنیع در ذهن موســـی حک شده بود. موســـی این وقایع را در خطابه‌اش به قوم اسرائیل در کتاب تثنیه باب ۹ یادآوری می‌کند و به آنها گوشزد می‌نماید که اگر قومی شایستهٔ محو شدن از روی زمین باشد، قوم اسرائیل اســـت. در واقع، اگر شفاعت موسی و رحمت خدا نبود، هیچ آینده‌ای برای قوم اســـرائیل وجود نداشت. شایان توجه اســـت که عصیان قوم اسرائیل درســـت در زمانی است که در مرز کنعانند و فاصله‌ای با ورود و تصرف این زمین ندارند. خوب اســـت که الآن باب ۹ کتاب تثنیه را بخوانید تا درد خاطرات موســـی و نیز فیض و شکیبایی پابرجای خدا را حس کنید.

اگر دقیق‌تـــر به موضوع نگاه کنیم، متوجه وسوســهٔ نیرومندی برای موســـی می‌شویم. خدا به موسی می‌گوید من به وعدهٔ خود به ابراهیم در مورد تشکیل ملتی بزرگ وفادارم، اما تحقق این وعده را به‌طریق جدیدی دنبال می‌کنم و آن شــکل دادنِ یک قوم تازه است. موسی، قوم اسرائیل را فرامــوش کن. بیا از تو فرزندان جدیدی به‌وجود آورم و از این به بعد، خدای موسی خواهم بود نه خدای قوم اسرائیل. تو موسی، پدر این قوم تازه خواهی بود و نســل تو وارث زمین خواهد شــد. موسی به این فکر کن که تنها من، تو و نسل‌ات، داســتانی تازه را آغاز خواهیم کرد. وقتی اســرائیل از میان برود، جاده‌ای هموار برای کار خدا شکل می‌گیرد. اگر موســی فردی جاه‌طلب بود، چقدر در این افکار غوطه‌ور می‌شد. موسی می‌توانست با خود بگوید: «قوم اســرائیل جز ناله و دردسر چه به من و خدا داده است؟ او می‌توانست به مسیری روشن از تاریخ قدم بگذارد.»

اما موســی چگونه بــه این تهدید و پیشــنهاد خدا پاســخ داد؟ در اعداد ۱۴:۱۳-۱۹ پاســخ صریح موســی به خدا را می‌بینیم. اما در تثنیه باب ۹ که یادآوری موســی در مورد این پیشــنهاد اســت، با توضیحی منســجم‌تر از جانب او روبه‌رو می‌شــویم. و نیز در تثنیه ۹، طنین دعای موســی در خروج ۳۲ باز عیان می‌شود و پاســخ موسی در هر دو مورد آشکارتر بیان می‌گردد.

> «پس چهل روز و چهل شب در حضور خداوند به روی در افتادم زیرا خداوند گفته بود که شــما را هــلاک خواهد کرد. پس نزد خداوند دعا کرده، گفتم: ”ای خداوندگار یهوه، قوم خود و میراث خویش را که بــه عظمت خود فدیه دادی و به دســت نیرومند از مصر بیرون آوردی، نابود مکن. خادمانت ابراهیم، اســحاق و یعقوب را به یاد آر و بر سرسختی این قوم و شرارت و گناه ایشان نظر منما، مبادا مردمان ســرزمینی که مــا را از آن بیرون آوردی بگویند: چون خداوند قادر نبود ایشــان را به سرزمینی که به آنها وعــده داده بود در آورد، و چون از ایشــان متنفر بود، از این رو ایشــان را بیرون آورد تا در بیابان ایشان را بکشد. زیرا ایشان قوم

تو و میراث تو هستند که به نیروی عظیم و بازوی افراشتهٔ خویش بیرون آوردی.“» (تثنیه ۹:۲۵-۲۹)

به دیگر سخن، موسی نه فقط پیشنهاد خدا را رد کرد بلکه عملاً او را مورد سرزنش قرار داد. خدا سخن از نابودی «این قوم» به میان آورده بود (اعداد ۱۴:۱۱) ولی موسی به خدا یادآوری می‌کند که «این قوم» در واقع کی هستند؟ موسی به دفعات به خدا یادآوری می‌کند اما این قطعاً بدان معنی نیست که خدا دچار فراموشی شده است. این یادآوری‌ها در واقع قلب خدمت شفاعت را نمایان می‌سازند و اموری را که برای خدا ارزشی بس والا دارند، گوشزد می‌کنند. موسی می‌گوید «ابراهیم را به یاد آر»، او که برایش قسم خوردی که نسلش را برکت دهی و به‌واسطهٔ آنها تمام جهان را مبارک سازی. اگر از این وعده سر باز زنی، در واقع خود را انکار کرده‌ای. «مصریان را به یاد آر» که چه دربارهٔات خواهند گفت و آوازه‌ات را به خطر خواهند انداخت؛ زیرا خروج اسرائیل از مصر در بطن تحولات بین‌المللی رخ داده بود و همه از آن خبر داشتند (خروج ۱۵:۱۴-۱۵). اگر یهوه قوم اسرائیل را از میان بردارد، جهان چگونه بدان خواهد نگریست؟ یهوه را خدایی بی‌صلاحیت یا بدسرشت قلمداد می‌کنند. آیا این آوازه‌ای است که خدا در پی آن است؟ و فراتر از هر چیز، «به‌یاد آر که اینها قوم تواند.» این یادآوری آخر، مهم‌ترین بخش از مجموعهٔ یادآوری‌ها است که همانا قوم تو و میراث تو هستند. اگر اینها را نابود کنی، آیندهٔ خود را تباه خواهی کرد چون خود گفتی که آنها مِلک خاصِ من هستند.» (خروج ۱۹:۵-۶)

خداوند موسی را دعوت کرده بود تا با خدمت به این *مردمان*، در واقع خدا را خدمت کند و هیچ امری حتی خود خدا نمی‌توانست او را از این مسیر دور کند. موسی بر آن نبود که پدر قوم بزرگی شود و از این طریق کسب اعتبار کند. دعوت او، خدمت به خدا و قومش بود و در هیچ شرایطی از این مسیر خارج نمی‌شد. خدمت به قومی طغیان‌گر، بدقِلِق، ناسپاس و بی‌منطق دعوت او بود. شاید بتوان به جرأت گفت که

فصل دوم

هیچ شبانی تاکنون با چنین میزان از بحران روبه‌رو نشده است. تنها به برخی از چالش‌هایی که در کتاب اعداد ذکر می‌شود، فکر کنید:

- سامان دادن به امور مدیریتی بی‌پایان
- مشکلات خورد و خوراک
- طغیان‌های ناگهانی
- اختلافات درون‌خانوادگی و اعتراض به ازدواج با زنی از حبشه
- امتناع قوم از پیروی از رؤیایی که خدا به‌واسطهٔ او بخشیده بود
- رد اقتدارش به مثابه سخنگوی خدا
- حملات اقوام خارجی
- ناپاکی جنسی درون قومی

و خدا پیشنهاد می‌دهد: «ایشان را به بلا زده، طرد خواهم کرد و از تو قومی عظیم‌تر و نیرومندتر از ایشان به وجود خواهم آورد.» متأسفانه چنین رویکردی را در برخی از رهبران کلیسا و سازمان‌های مسیحی نیز می‌بینیم (البته آنها کسی را نمی‌کشند). شاید هم برخی از رهبران بدین شکل در پُست رهبری قرار گرفته‌اند، زیرا رهبر قبلی چنان از فشار مردم و کار به ستوه آمده که در پی چالشی تازه از منصب خود استعفا می‌دهد. چنین جاه‌طلبی و چنین وسوسه‌ای دقیقاً خلاف رویهٔ موسی بود. قدرت رهبری و قدرت خدمت شفاعتی موسی او را از چنین رویکردهایی برحذر می‌داشت، زیرا قدرت خدمت موسی عاری از هر نوع جاه‌طلبی بود. پس موسی به خدا می‌گوید که این پیشنهاد را نادیده می‌گیرد. اینان قوم تو هستند که مرا به خدمت آنها دعوت کردی، پس لطفاً به راه‌حل‌های دیگر نیندیش.

عیسای مسیح نیز در ایام خود با بحران‌های غم‌انگیز مختلفی روبه‌رو بود. از شاگردان، عاقبت یکی به او خیانت کرد و دیگری او را انکار نمود. مابقی هم در بزنگاه‌ها پا به فرار گذاشتند. اما مسیح از تعهد خود نسبت به آنها پا پس نکشید و می‌توانست با اطمینان به پدرش بگوید

که هیچ‌یک از آنها را، به استثنای یهودا که خود خائن بود، از دست نداد (یوحنا ۱۲:۱۷). همین ثبات رفتاری را در پولس رسول نیز می‌بینیم. او نیز با مشکلات عدیده‌ای در کلیسای شهر قرنتس روبه‌رو بود. ایمانداران درکی ناقص از عطایای روح‌القدس داشتند و وضعیت آنها بسیار شبیه مشکلاتی بود که موسی با آنها دست به گریبان بود. اما پولس پاسخی حیرت‌انگیز ارائه می‌دهد: «زیرا ما خود را موعظه نمی‌کنیم و از خود تنها به‌خاطر مسیح به‌عنوان خادم شما سخن می‌گوییم» (دوم قرنتیان ۵:۴). پولس از این که می‌دید برخی از ایمانداران از نام او برای پیشبرد اهداف خیالی‌شان استفاده می‌کردند، بسیار پریشان می‌شد، «مگر آپولس کیست؟ پولس کیست؟ فقط خادمانی هستند...» (اول قرنتیان ۵:۳)

دوست عزیز شاید شما نیز به‌نوعی درگیر خدمت رهبری در کلیسا هستید و همچون همهٔ شاگردان مسیح در حال خدمتید. اکنون وقت مناسبی است که انگیزهٔ خود را بیازمایید. چه علل و عواملی شما را به خدمت وا می‌دارند؟ جاه‌طلبی‌های شما چیستند؟ با چه انگیزه‌ای خدا و قومش را خدمت می‌کنید؟ آیا در پی محبوبیت هستید، حتی اگر آن را در پوشش خدمت مخفی کرده باشید؟ یا آن که قوم او را با وجود همهٔ سختی‌ها، لجاجت‌های غیرمنطقی برخی از اعضا و ناملایمات بی‌پایان خدمت می‌کنید؟ مردمی که خداوند آنها را به شما سپرده است. آیا رهبری شما همچون موسی، خدمتی خاص به قومی بسیار خاص است؟

نتیجه‌گیری

امر متناقض‌نمای خدمت موسی این است: والاترین نشانهٔ حضور روح‌القدس در زندگی موسی فقدان عناصری از شیوهٔ رهبری است که معمولاً آنها را در مدل رهبریِ اشخاص نیرومند و بزرگ می‌بینیم. در موسی اثری از غرور ناشی از خوداتکایی و خودبسندگی نمی‌یابیم. او برای خود امتیاز خاصی قائل نبود و نسبت به هدایای دیگران حسد نمی‌ورزید. موسی در پی تقویت جایگاه خود نبود. و همهٔ اینها نماد

قدرت روح‌القدس در حیات بشری است، قدرتی که در فروتنی جلوه‌گر می‌شود.

کلیسا به رهبران نیاز دارد و رهبران نیازمند قدرتند، زیرا می‌خواهند مطابق خواست خدا امور به انجام رسند. اما نوع و کیفیت قدرت این رهبران باید از شیوه‌های متداول رهبری متفاوت باشد. به قول کلام خدا «نه به قدرت و نه به قوت، بلکه به روح من.» (زکریا ۶:۴)

برای ایماندارانی که خداوند آنها را به رهبری قومش برگزیده دعا کنید. اگر شما نیز در این دعوت سهیم هستید برای خود نیز دعا کنید که خداوند شما را با روحش قوت بخشد. قوتی که از شخصیت خدا، نه سرشت سقوط‌کردهٔ بشر، نشأت می‌گیرد. خداوند عطا کند که همهٔ ما از قوت روح خدا پر شویم، همچون موسی، همچون عیسی.

فصل سوم

روح نبوت

«قبل از هر چیز، بدانید که هیچ وحیِ کتب مقدّس زاییدهٔ تفسیر خودِ نبی نیست. زیرا وحی هیچ‌گاه به ارادهٔ انسان آورده نشد، بلکه آدمیان تحت نفوذ روح‌القدس از جانب خدا سخن گفتند.» (دوم پطرس ۱:۲۰-۲۱)

پطرس به ما می‌گوید که پیام انبیای عهدعتیــق زاییدهٔ تصورات و تفکرات خودشان نبود. به بیان دقیق‌تر، پطرس به منشاء دوگانهٔ نگارش کتاب‌مقدس اشاره می‌کند، یعنی اینکه «آدمیان از جانب خدا سخن گفتند.» انسان پیام را بیان می‌کرد ولی خدا پیام را مهیا می‌ساخت. انسان در انتقال این پیام واژگان را برمی‌گزید، اما آن واژگان مقصود و منظور خدا را بیان می‌کردند. مطابق نظر پطرس طریقی که به‌واسطهٔ آن این عمل صورت می‌گرفت، قدرت روح‌القدس بود. روح‌القدس به انبیا و نگارندگان کلام مسیر، معنا و توانایی می‌بخشید.

عهدجدید نیز عمل روح خدا در عهدعتیق را تأیید می‌کند. عملی که نه تنها در آفرینش (فصل اول) و قوت بخشــیدن به رهبران (فصل دوم)

دیده می‌شود بلکه در مکاشفهٔ کلام خدا نیز به چشم می‌خورد. پولس رسول می‌گوید که روح خدا حتی اعماق خدا را می‌کاود، زیرا «فقط روح خدا است که از افکار خدا آگاه است» (اول قرنتیان ۲:۱۰-۱۱). بنابراین، روح خدا است که افکار الهی را با کلام خدا از طریق انبیای او به قوم خدا منتقل می‌کند.

در عهدعتیق انبیا انتقال‌دهنده‌گان اصلی پیام الهی بودند. البته آنها تنها کسانی نبودند که روح‌القدس، مکاشفهٔ خدا را به قومش به‌واسطهٔ آنان انتقال می‌داد. روح خدا به‌همان اندازه در اشخاصی که روایات عهدعتیق را می‌نوشتند یا بخش‌های مربوط به شرایع و احکام را نظم و ترتیب می‌دادند، و یا در سرایندگان مزامیر و گردآورندگان نوشته‌های حکمتی و غیره نیز فعال بود. تمامی کتب مقدس به‌واسطهٔ روح‌القدس الهام خدا است (دوم تیموتائوس ۱۶:۳). اما وجه ممیزهٔ انبیا در عبارتِ «خداوند می‌گوید» که نمایانگر پیام مستقیم خدا است جلوه‌گر می‌شود. به بیانی دیگر، کلامی که می‌گفتند یا می‌نوشتند، پیام مستقیم خود خدا بود. در این فصل می‌خواهیم به کار روح‌القدس در خدمت انبیا نظری بیندازیم.

«اما من به روح خداوند از قوت پرگشته‌ام.» (میکاه ۸:۳)

میکاه دقیقاً همان ادعایی را می‌کند که در دوم پطرس ۲۱:۱ شاهدش بودیم. میکاه از جانب خدا مأموریت یافت تا با قوم اسرائیل سخن بگوید و برای تحقق این امر از روح خدا پُر شد. البته بیان چنین ادعایی که در آن شخص از جانب روح‌القدس سخن می‌گوید در کلام خدا از جانب انبیا بسیار معدود است. تنها نمونهٔ دیگر را در اشعیا ۱۶:۴۸ می‌یابیم جایی که می‌گوید: «و اکنون خداوندگار یهوه مرا و روح خود را فرستاده است.» شاید اشعیا ۱:۶۱ نیز مورد دیگری از این موارد باشد، اما در اینجا اشعیای نبی نه از جانب خود بلکه از جانب خادمی سخن می‌گوید که از سوی خدا می‌آید. اما چرا چنین است؟ چرا انبیای عهدعتیق، به‌خصوص انبیای نخستین، به‌ندرت می‌گفتند که از جانب روح‌القدس سخن می‌گویند؟

حـــال آن که عهدجدید بر این حقیقت صحـــه می‌گذارد. پس چرا چنین ادعایی در عهدعتیق نادر است؟

پاســـخ احتمالی آن است که انبیای راســـتین خدا همواره در چالش رویارویی با انبیای دروغین قرار می‌گرفتند. به این متن توجه کنید:

> «خداوند دربارهٔ انبیایی که قوم مرا گمراه می‌کنند چنین می‌گوید، دربارهٔ آنان که چون خوراک فراوان دارند ندای ’صلح و سلامت‘ ســـر می‌دهند، اما اگر کســـی طعامی در دهانشان نگذارد، به وی اعلام جنگ می‌کنند. پس برای شما شب خواهد بود، بدون هیچ رویایی، و ظلمت خواهد بود، بدون هیچ پیشگویی آفتاب بر انبیا غروب خواهد کرد و روز بر ایشان تاریک خواهد شد؛ رویابینانْ شرمسار خواهند گشت. جملگی روی خود را خواهند پوشانید، زیرا پاسخی از جانب خدا نخواهد بود.» (میکاه ۳:۵-۷)

میکاه در این متن به توصیـــف انبیای دروغین می‌پردازد. آنان مدعی بودنـــد که از جانب خدا و به احتمال زیاد به‌واســـطهٔ روح خدا ســـخن می‌گوینـــد (نگاه کنید به اول پادشـــاهان ۲۲:۲۴)، اما کلام آنها کلام خدا نبـــود. انبیای دروغین کلام خدا را تحریف و تضعیف می‌کردند. شـــاید بدین دلیل اســـت که بیشـــتر انبیایی که پیام‌شان در کتاب‌مقدس مکتوب است به پیام خود به‌عنوان «کلام خداوند» اشاره می‌کردند تا پیام الهی را واقعیتی عینی عنـــوان کنند نه صرفاً تجربه‌ای درونی از روح خدا. به این ترتیب مرزبندی مشخصی بین انبیای راستین و دروغین به‌وجود می‌آمد.

بـــرای درک بهتر تضاد محتوایـــی پیام انبیای راســـتین و پیام انبیای دروغین و تشـــخیص دقیق‌تر عمل روح خدا در اعطای پیام نبوتی، باید اول به پدیدهٔ نبوت دروغین توجه کنیم. آغاز کردن از تاریکی خوشـــایند نیست ولی برملا کردن آن امری ضروری در ستایش حقیقت است. باید در نظر داشت که مشکل نبوت دروغین تنها در عهدعتیق دیده نمی‌شود و در روزگار ما نیز به‌چشـــم می‌خورد. از این‌رو ادامهٔ این بحث می‌تواند درس خوبی برای تشخیص نبوت‌های کذب برای امروزمان ارائه دهد.

انبیای دروغین و روح‌شان

خـــدا از طریق حزقیال می‌گوید: «وای بر انبیـــای نادان که تابع روح خویشـــند و چیزی ندیده‌اند» (حزقیال ۳:۱۳). متون بســیاری در تقبیح این‌گونه از انبیا در کلام خدا وجود دارد. بهتر اســـت پیش از برشـــمردن ویژگی‌هـــای انبیای دروغین، آیات زیر را گرچه غم‌انگیزند، مطالعه کنید: ارمیا ۲۳:۹-۳۲، حزقیال ۱۳ و میکاه ۲:۶-۱۱.

با مطالعهٔ این متون می‌توان به ســـه شـــاخص اصلی انبیای دروغین پی‌برد. خداوند آنها را فرا نخوانده بـــود و اعتماد به آنها به گمراهی قوم می‌انجامید. همهٔ این ویژگی‌ها در روزگار ما نیز کاربرد دارند. حال بیایید به تشریح آنها بپردازیم.

فقدان صداقتِ اخلاقیِ شخصی. در زندگی انبیای کاذب بی‌بندوباری و شهوت‌پرســـتی موج می‌زند. مطابق احکام الهـــی، آنها حتی در گروه مؤمنان خوب نیز قرار نمی‌گیرند، چه برســـد به انبیای خوب. به فهرست زیر پیرامون قصورات اخلاقی‌شان توجه کنید:

- *میخوارگی.* «اینان نیز از فرط شراب افتان و خیزانند و از میگساری بر پا نتوانند ایســـتاد: کاهنان و انبیا از فرط شراب افتان و خیزانند، و از میخوارگی منگ شـــده‌اند؛ آنان از میگساری بر پا نتوانند ایستاد، هنگام دیدن رویا تِلوتِلو می‌خورند و به وقت حکم دادن می‌لغزند! ســـفره‌ها جملگی از قی پوشیده است، حتی یک جای پاک نیز باقی نمانده است.» (اشعیا ۷:۲۸-۸ همچنین میکاه ۱۱:۲)
- *ناپاکی جنســـی.* در ظاهر خود را خوب نشـــان می‌دادند ولی غرق در گناهان مخفی بودند. «و در میان انبیای اورشـــلیم چیزی هولناک دیده‌ام: آنان مرتکب زنا می‌شوند و در دروغ گام برمی‌دارند؛ ایشان دست‌های بدکاران را تقویت می‌بخشند، به گونه‌ای که هیچ‌کس از شرارت خویش بازگشت نمی‌کند؛ آنان جملگی برای من همچون سُدوم گشته‌اند، و ساکنان آن همچون عَمورَه.» (ارمیا ۱۴:۲۳)

- *آزمندی.* آنهـا آماده بودند تا کلام هوشـمندانهٔ خود را به بالاترین قیمت بفروشـند. ادعای برخورداری از کلام خدا را داشتند ولی از "فروش" آن مثل فروشندگان خیابانی احساس خجالت نمی‌کردند. «رهبرانشان برای رشوه داوری می‌کنند، کاهنان‌شان برای مزد تعلیم می‌دهند و انبیایشان برای پول پیشـگویی می‌کنند.» (میکاه ۱۱:۳، همین‌طور ارمیا ۱۳:۶)

چگونه شـخصی که فاقد جوهر اخلاقی اسـت می‌تواند از جانب خدای تماماً نور وحقیقت سـخن بگوید؟ چگونـه فردی که در ناپاکی به‌سـر می‌برد می‌تواند نمایندهٔ قدوس اسرائیل باشد؟ و چگونه شخصی که وجودش مالامال از حرص و آز است می‌تواند با قلب خدایی که برای فقیران و نیازمندان می‌تپد در تماس باشد؟

عیسای مسـیح فرمود: «آنها را از میوه‌های‌شـان خواهید شناخت» (متی ۱۶:۷). ما نیز باید هوشـیارانه مراقب اشـخاصی باشیم که ادعای سـخنگویی از جانب خدا را دارند و برای خود خدمت نبوتی شـگرفی قائل‌اند. نباید از پرسشگری پیرامون پاکی اخلاقی فردی که آوازهٔ عمومی بالایی دارد، سر باز زنیم. اگر نشانه‌های سؤال‌برانگیزی می‌بینیم، حتماً باید تمامی جوانب را بررسـی کنیم. اگر بوی کلاه‌برداری یا فساد به مشام‌مان می‌رسد یا نشـانه‌های آزمندی و زندگی تجملاتی را می‌بینیم، حتماً باید دچار شک و تردید شویم. روح‌القدس در چنین وضعیتی حضور ندارد و به هیچ‌وجه جلال نمی‌یابد. روح خدا هرگز در اشخاصی که در پی تطمیع شهوات‌شان هستند، فعال نیست.

شـایان ذکر اسـت که هدف از این سـخنان در پیش گرفتن روحیهٔ داوری و محکوم کردن اشخاص نیسـت. قصد من اصلاً این نیست که باید ادعاهای کذب دیگران را برملا کنیم تا با حالتی مقدس‌مآبانه، برتری خود را بر آنها اثبات نماییم. چنین رویکردی همان نگرش فریسیان است که مسـیح حس خودبرتربینی‌شان را همیشـه محکوم می‌کرد. از سوی دیگر، هدف من به هیچ‌وجه این هم نیسـت کـه بگوییم تنها آنانی که به

لحاظ اخلاقی کامل هستند، می‌توانند خدمتی پر از روح داشته باشند. اگر چنین بود شمار این اشخاص بسیار معدود می‌بود. در واقع، نمی‌توان به مرزبندی مشخصی رسید، زیرا همهٔ ما گناهکاریم و از معیارهای اخلاقی الهی قاصر آمده‌ایم. من خود گناهکاری هستم مثل شما که با فیض خدا نجات یافته‌ایم. اگر کمال اخلاقی تنها معیار بود، هیچ‌یک از کتاب‌های کتاب‌مقدس نوشته نمی‌شد، زیرا نویسندگان‌شان همگی گناهکار بودند. اما سؤال مهم این است که آیا ما گناهکارانی توبه‌کار هستیم؟ آیا به‌دنبال زندگی در نور هستیم؟ در واقع، آزمون ما این است که آیا عزمی راسخ برای در پیش گرفتن زندگی مطابق کلام خدا داریم، تا هر وقت زمین می‌خوریم با فروتنی توبه کنیم و دوباره همه چیز را زیر نور خدا و کلیسا قرار دهیم؟ انبیای دروغین چه در آن روزگار و چه اکنون چنین عزمی نداشتند. باید بدانیم کلام انبیا که به‌عنوان کلام خدا اعلان می‌شود، از دهان و قلبی ناپاک که با فیض خدا پاک شده است خارج می‌گردد. باید بدانیم که سازمان‌های خدماتی از جانب اشخاصی هدایت می‌شوند که خود را گناهکارانی بخشوده می‌بینند و دائماً با قدردانی در شگفتند که چرا خدا باید از آنها استفاده کند؟

فقدان شهامت اخلاقی در جمع. انبیای دروغین نان را به نرخ روز می‌خوردند و خوب می‌دانستند چگونه در هر زمان مطابق میل جمع صحبت کنند. آنها می‌دانستند چگونه به خواست عمومی، مُهر تأیید الهی بزنند. مردمی که تنها در پی تأیید نظرات خود بودند در این به‌اصطلاح «انبیا» تصدیق قادر مطلق را نیز می‌یافتند. انبیای دروغین هرگز برخلاف نظر غالب اشخاص سخن نمی‌گفتند و هیچ‌گاه آن را به چالش نمی‌کشیدند. هم‌زبانی با تودهٔ مردم، تنها زبان آنها بود، حتی اگر چنین رویکردی در تضاد با ارادهٔ خدا و احکام او قرار می‌گرفت.

در روزگار انبیای بزرگ عهدعتیق، حکومت‌های شمالی و جنوبی اسرائیل در خطر تهدید قریب‌الوقوع داوری خدا قرار داشتند. در آن روزگار، فساد به اَشکال گوناگون در سطوح جامعهٔ اسرائیل نفوذ کرده و آن را به قهقرا کشانده بود. فشار اقتصادی و استثمار فقرا در همه جا

دیده می‌شـــد. دولت‌های متوالی بدون کفایـــت روی کار می‌آمدند و در نهایت جز بی‌رحمی چیزی عاید مردم نمی‌شـــد. ثروتمندان نظام قضایی غرق در فســـاد را در اختیار داشتند. سقوط اخلاقیات جنسی تحت لوای مذهـــب به همراه قربانی کردن کودکان همگی خبر از انحطاط همه‌جانبهٔ قوم اســـرائیل می‌داد. زیربنای چنین اِلحادی را می‌توان در شکستن عهد قوم اسرائیل با خدا و رهاننده‌اش دید. آنان ایمان خود را به خدا از دست دادند و در پی خدایان دیگر و بت‌ها رفتند. قوم اســـرائیل در تباهی به‌سر می‌برد و خطری عظیم آن را تهدید می‌کرد.

در چنین وضعیتی، این به‌اصطلاح انبیا چه واکنشـــی نشـــان دادند؟ همگی گفتند: «چیزی نشده، اوضاع روبه‌راه است. خداوند کاری نخواهد کرد، گزندی به ما نمی‌رســـد» (ارمیا ۱۲:۵). درست مثل کسی که تیری مهلک به او اصابت کرده و در حال خون‌ریزی شدیدی است و تنها کاری که دیگران می‌کنند این است که بر محل زخم چسب می‌گذارند.

> جراحاتِ قوم مرا اندک شـــفایی داده، می‌گویند: «سلامتی است؛ سلامتی است»، حال آنکه سلامتی نیســـت. آیا از انجام کارهای کراهت‌آور شرم دارند؟ نه! هیچ شرمی ندارند؛ آنان بویی از شرم و حیا نبرده‌اند. (ارمیا ۶:۱۴-۱۵)

انبیای دروغین نه تنها پاســـخی به مشکلات هولناک قوم نمی‌دادند، بلکه خود تبدیل به جزئی از مشـــکل قوم اســـرائیل شدند، زیرا با وجود دیدن شرارت با آن مماشات کردند.

> آنان همواره به کســـانی که کلام خداوند را خوار می‌شـــمارند، می‌گویند: «شـــما را ســـلامتی خواهد بود!» و به کســـانی که از سرکشـــیِ دلِ خود پیروی می‌کنند، می‌گویند: «هیچ بلایی به شما نخواهد رسید!» (ارمیا ۱۷:۲۳)

حزقیال نبی نیز به‌گونه‌ای دیگـــر پرده از پوچیِ عمل انبیای دروغین برمی‌دارد. انبیای دروغین دیوار پر از درز وشـــکاف اســـرائیل را که در

آستانهٔ فروریزی بود با دوغاب می‌پوشـــاندند تا کسی رِخنه‌ها را نبیند، اما بارانی کافی بود تا این ظاهرســـازی مضحک را برملا ســـازد و دیوار فرو ریزد. آنگاه ســـازندگان دیوار (قوم اسرائیل) و دوغاب‌کاران (انبیای دروغین) هر دو در این فروریزی هلاک می‌گردند. (حزقیال ۱۳:۱۰-۱۶)

ما نیز در جامعـــه‌ای زندگی می‌کنیم که ارزش‌هـــای اخلاقی در آن وارونه جلوه داده می‌شـــود. به‌طور قطع این امر در جامعهٔ غربی امروزی مصـــداق دارد. در این فضـــا، معیارهای الهی برای خانـــواده و جامعه به سُخره گرفته می‌شود و ارزش انســـان مطابق کلام خدا، مغفول می‌ماند. جامعه‌ای که درســـت در نقطهٔ مقابل خواست خدا برای انسان و روابط انســـانی قرار می‌گیرد و ارزش‌های ضداخلاقی را ترویج و تبلیغ می‌کند. جامعه‌ای که در ثروت غوطه‌ور اســـت، علی‌رغم آن که به‌خوبی می‌داند چه تودهٔ عظیمی از انســـان‌ها در فقری جانکاه دست و پا می‌زنند. بلی ما در جامعه‌ای به‌سر می‌بریم که خدایان مَمون (مصرف‌گرایی)، خشونت و قوای نظامی را منبع امنیت و غرور ملی خود می‌داند.

امروز هم مدافعان چنین جامعه‌ای همچون انبیای دروغین اســـرائیل از ارزش‌های خودمحورانه‌اش دفاع می‌کنند. آنها به پارســـایان با دروغ و تهدید می‌تازند اما شـــریران را تشـــویق می‌کنند بدون آن که پیامدهای اعمال‌شـــان را به آنان گوشزد کنند. حزقیال دقیقاً چنین رویکردی را زیر سؤال می‌برد، وضعیتی که تنها خدا قادر به نجات آن بود.

> «از آنجا که شـــما با دروغ‌هایتان دل مرد پارسا را که من محزون نکرده بودم، محزون ســـاخته‌اید، و دســـتان مرد شریر را تقویت داده‌اید تا از راه زشت خود بازگشت نکرده، زنده نماند، بنابراین دیگـــر رویاهای باطل نخواهید دید و غیب‌گویی نخواهید کرد. و چون قوم خود را از دستان شما برهانم، آنگاه خواهید دانست که من یهوه هستم.» (حزقیال ۱۳:۲۲-۲۳)

فقـــدان دعوت و حکم الهی برای نبـــوت. در نگاه به انبیای دروغین همواره با شکافی مشهود بین آنچه ادعا می‌کردند و آنچه حقیقت داشت

روبه‌رو می‌شویم. آنها نمایشی ظاهراً مقبول ارائه می‌دادند، اما در واقع پیامی از خدا نداشتند. انبیای دروغین برای پیام خود اصالتی ناب و الهی قائل بودند، اما خدا هرگز آنان را به حضور خود نپذیرفته بود. در کمال تعجب به‌نام خداوند سخن می‌گفتند، ولی خدا هیچ مأموریتی به آنها نداده بود. ردای نبوت در بر می‌کردند ولی حاشا از خواندگی از جانب خداوند.

> اما کدام‌یک از ایشان در جمعِ مَحرمانِ اسرار خداوند ایستاده است تا کلامش را ببیند و بشنود؟ و کیست که به کلامش توجه کرده و بدان گوش سپرده باشد؟ «من این انبیا را نفرستادم، اما ایشان دویدند؛ سخنی بدیشان نگفتم، اما ایشان نبوت کردند! اگر در جمعِ مَحرمانِ اَسرارِ من ایستاده بودند، کلام مرا به قوم من بیان می‌کردند، و آنان را از راه بدشان، و از کردار شرارت‌بارشان بازمی‌گرداندند.» (ارمیا ۱۸:۲۳و۲۱-۲۲)
> رؤیاهای آنان باطل است و غیب‌گویی‌هایشان دروغین. می‌گویند، «خداوند می‌فرماید»، حال آنکه خداوند ایشان را نفرستاده است، و با این همه، انتظار دارند سخنان‌شان واقع شود! آیا رویاهای باطل ندیده بودید و غیب‌گویی‌های دروغین بر زبان نمی‌راندید، آنگاه که می‌گفتید، «خداوند می‌فرماید»، حال آنکه من سخن نگفته بودم؟ (حزقیال ۱۳:۶-۷)

نکتهٔ تأمل‌برانگیز آن است که در اینجا با افرادی روبه‌رو هستیم که حرف بسیار برای گفتن دارند اما از جانب خدا فرستاده نشده‌اند، اشخاصی که به‌اصطلاح رسانه‌های ارتباط جمعی را در اختیار دارند. پیام‌شان طویل است و به‌ظاهر اصیل. اما اگر خدا آنها را نفرستاده است پس از کجا آمده‌اند؟ به هر روحی هم که اشاره کنند، یقیناً روح مقدس خدا نیست. آن روح (اگر بتوان چنین نامی بر آن گذاشت)، یا روح خود شخص است یا تصورات و تخیلات فردی؛ ایده‌هایی عجیب و غریب و گاه شگفت‌انگیز که از خود شخص نشأت می‌گیرد. پیام‌شان به

ظاهر ستایش‌انگیز اســـت اما فاقد جوهر و در واقع باد هوا و خودفریبی اســـت (ارمیا ۱۳:۵). اسف‌انگیزتر آن که پیام‌شـــان بدون اصالت و تنها نسخه‌برداری و سرقت از یکدیگر است. بدتر از یاوه‌گویی، نسخه‌برداری از آن اســـت! حتی زباله را نیز می‌توان بازیافت کرد ولی این به‌اصطلاح پیام‌های نبوتیِ بازیافت‌شـــده همچنان بی‌مصرفنـــد و هرچه هم به آنها گوش دهیم به هیچ‌کاری نمی‌آیند.

«ســـخن انبیایی را که به نام من به دروغ نبوت می‌کنند، شنیده‌ام. ایشـــان می‌گویند: "خواب دیده‌ام! خواب دیده‌ام!" تا به کی این در دل انبیایی که به دروغ نبـــوت می‌کنند خواهد بود، انبیایی که به فریبِ دل خود نبوت می‌کنند؟ آن نبی که خوابی دیده، خواب خویش باز گوید، اما آن که کلام مرا دارد، آن را با امانت بیان کند.» زیرا خداوند می‌گوید، «کاه را با گندم چه کار اســـت؟» از این رو خداوند می‌فرماید: «اینک من بر ضد انبیایی هســـتم که کلام مرا از یکدیگـــر می‌ربایند.» خداوند می‌گوید: «اینک من بر ضد آنانی هستم که به خوابهای دروغین نبوت می‌کنند و آنها را بیان کرده، قوم مرا با دروغها و توهمات خویش به گمراهی می‌کشـــند، حال آنکه من ایشان را نفرستاده و مأمور نکرده‌ام. پس هیچ نفعی به این قوم نمی‌رســـانند»؛ این است فرمودهٔ خداوند. (ارمیا ۲۳:۲۵-۲۶، ۲۸، ۳۰، ۳۲)

چه فهرست دردناکی و چه کیفرخواست رعب‌انگیزی. و این روایت مذهبـــی بدون روح خدا اســـت. مذهبی کـــه در آن وضعیت نامطلوب اجتماعی بدون هیچ چالشی پذیرفته می‌شـــود و مردمان در غیاب کلام زندهٔ خدا باید بـــا بی‌عدالتی کنار آیند. خدا هرگـــز از چنین به‌اصطلاح «فعالیت‌های نبوتی» خشنود نیست و در واقع به‌ضد آن عمل می‌کند. خدا هیچ‌گاه چنین اشخاصی را فرا نخوانده اســـت و کار آنها ابداً مورد تأیید خدا نیســـت. چنین انبیایی باید توبه کنند وگرنه به داوری سختی گرفتار می‌آیند، زیرا بسیاری را ظالمانه فریفته‌اند.

هشـــدارهای عهدعتیق به ضد انبیای دروغیـــن، در جهان کنونی نیز بسیار به‌کار می‌آیند. امروزه از هر سو با ظهور مکاشفات نوینی روبه‌روییم که داعیهٔ اصالت الهی دارند. من فقط به کتاب‌های تخیل‌پردازانه همچون "کُد داوینچی" که با مقبولیت بسـیار مواجه شد، اشاره نمی‌کنم. امروزه با کتاب‌ها، فیلم‌ها و وب‌سایت‌هایی مواجه هستیم که محتوای خود را عین حقیقت ایمان مســیحی معرفی می‌کنند. در حالی که با تحریف زیربناییِ تعالیم کتاب‌مقـــدس، ادعاهای خود را طرح کرده‌اند. مطالبی که آینده‌ای را به تصویر می‌کشند که تماماً تخیل‌پردازی و مایهٔ سرگرمی است. مسیح به‌وضوح هشـــدار داد که پیرامون بازگشـــت او گمانه‌زنی نکنیم و وقت خود را هدر ندهیم. او فرمود به کاری که خدا به ما بخشـــیده مشـــغول باشـــیم و این‌گونه آمادهٔ بازگشت او باشیم. این‌گونه کتاب‌ها که سودهای آنچنانی نصیب ناشـــران خود می‌کنند و همچون کالاهای به‌ظاهر قیمتی اما به‌واقع بنجُل در دست اربابان بازار مصرف جذاب به‌نظر می‌آیند، بس پر فروشـــند. اما قوم خدا باید به‌هوش باشند و فریب به اصطلاح آیات و نشـــانه‌های پایان جهان را نخورند. بس غم‌انگیز اســـت که اشخاصی که در این وادی‌ها به‌ســـر می‌برند نسبت به فریاد مظلومانی که از بی‌عدالتی فزاینـــده در جهان رنج می‌برند، بی‌خبرند. آنها چنان در این نوشـــته‌ها و خدمات به‌اصطلاح نبوتی آینده‌گرا غرق شده‌اند که شر و فساد بی‌حد و حصر جوامع خود را نمی‌بینند.

مبشرین تلویزیونی و مبلغان انجیل ثروت و سلامت (شایسته نیست واژهٔ انجیل را که به معنای خبرخوش اســـت برای آن به‌کار گیریم) که در پی ارضای شهوات مادی خود هستند و نام برکت خدا را بر آن می‌گذارند از همین قماش‌اند. برخی از آنان معروف به «معجزه‌گران»، آوازه‌ای بد از خود به‌جای گذاشته‌اند. حتی در میان ایمانداران اشخاصی یافت می‌شوند که با سوءاســـتفاده از روح خدا برای مکاشفات خود اقتداری الهی قائل می‌شوند و این‌چنین به برتری خود بر دیگران اشاره می‌کنند. ایماندارانی که درک خود را آســـمانی‌تر، ســـرود خود را روحانی‌تـــر و کلاً خود را نزدیک‌تر به خدا می‌بینند.

بیایید گفتار عیسی را از یاد نبریم که گفت تنها ذکر نام من به شخص یا اشخاص اصالت نمی‌دهد.

«نه هر که مرا "سرورم، سرورم" خطاب کند به پادشاهی آسمان راه یابد، بلکه تنها آن که ارادهٔ پدر مرا که در آسمان است، به جا آورد. در آن روز بسیاری مرا خواهند گفت: "سرور ما، سرور ما، آیا به نام تو نبوت نکردیم؟ آیا به نام تو دیوها را بیرون نراندیم؟ آیا به نام تو معجزات بسیار انجام ندادیم؟" اما به آنها به صراحت خواهم گفت، هرگز شما را نشناخته‌ام. از من دور شوید، ای بدکاران!» (متی ۷:۲۱-۲۳)

در این قسمت با یکی از جدی‌ترین و ترسناک‌ترین بخش‌های کتاب‌مقدس روبه‌رو می‌شویم. مسیح می‌فرماید که می‌توان حتی در ظاهر خدمت نبوتی پرآوازه‌ای داشت، که در آن نام مسیح به‌ظاهر محترم است، اما آن به‌اصطلاح خدمت از آنِ پادشاهی خدا نباشد. ممکن است خدمت نجات‌بخش پرآوازه‌ای به‌وجود آید اما مسیح آن را از آنِ خود نداند. عیسی می‌گوید که می‌توان معجزات بزرگی انجام داد ولی ارادهٔ پدر آسمانی را به‌جا نیاورد. بلی، می‌توان به نام او خدمت کرد ولی مسیح چنین خادمی را انکار کرده، شریر می‌خواند.

گمان نمی‌برم شهامت آن را داشته باشم که در مواجهه با سازمان‌های خدماتی نیرومند چنین واژگانی را به‌کار ببرم. از این‌رو خوشحالم که مسیح به‌جای من این کلمات را به زبان آورد، واژگانی بس هراس‌انگیز. شایان ذکر است که مسیح در این قسمت نه به مشکلی کوچک، بلکه به مسئله‌ای رایج و همگانی اشاره می‌کند. «بسیاری مرا خواهند گفت... اما من به صراحت خواهم گفت، هرگز شما را نشناخته‌ام.»

هشدار مسیح ما را به چه چیزی فرا می‌خواند؟ باید تشخیص صحیح بر ادعاهای خدماتی اشخاص و سازمان‌ها داشته باشیم. باید فراتر از ارقام و آمار ارائه‌شده حرکت کنیم. باید بپرسیم، میوه‌ها چیستند؟ کجایند زندگی‌های متحول شده؟ چه شواهدی دال بر عمل روح خدا به چشم

می‌خورد؟ آیا مردم بیشتر شبیه مسیح شده‌اند؟ آیا تعهد به رفتار مبتنی بر محبت، شفقت و عدالت افزایش یافته است؟ آیا ارزش‌ها مطابق با شخصیت خدا و پادشاهی او تعریف می‌شوند؟ و البته باید با انگیزه‌ها و جاه‌طلبی‌های خود در خدمت واقعاً صادق باشیم. اغلب می‌شنویم خدا چقدر نیرومندانه از شخصی برای جلال خود استفاده می‌کند. من منکر این حقیقت نیستم، اما گاه وقتی به این اشخاص برجسته نگاه می‌کنم از خود می‌پرسم، چه کسی از دیگران برای افزودنِ جلال خود بهره می‌جوید؟ زیرا گاه به‌شکل غم‌انگیزی شخص از خدا برای ترقی نام خود سود می‌برد.

انبیای خدا و روح خدا

پس از بیان روایت غم‌انگیز انبیای دروغین، زمان آن فرا رسیده است تا به بخش مثبت و شادی‌آور خدمت انبیای راستین خدا بپردازیم که روح خدا از طریق آنها حقیقتاً با قومش سخن می‌گفت. در ابتدای فصل قبل دیدیم که انبیای پَس از موسی با نگاه کردن به زندگی و رهبری او، حضور و عمل روح خدا را در او تشخیص می‌دادند (اشعیا ۶۳:۱۰-۱۴). شایان ذکر است که انبیای راستین به‌ندرت به روح خدا به‌عنوان منبع دریافت پیام‌شان اشاره می‌کردند. اما بعداً در بخش‌های دیگر عهدعتیق به‌وضوح به نقش روح خدا در خدمات آنها اشاره می‌شود.

نحمیا به‌خوبی در دعای زیبای اعتراف به گناهان این نکته را در رابطه با خدمت موسی و انبیا آشکار می‌سازد. نحمیا می‌گوید: «و روح نیکوی خود را برای تعلیم ایشان عطا فرمودی» (نحمیا ۹:۲۰). اشاره به روح بدون شک به نقش موسی در تعلیم تورات به اسرائیل اشاره دارد. نحمیا می‌گوید، موسی به مدد «روح نیکوی خدا» این کار را انجام داده است. همین مطلب را در فصل گذشته دربارهٔ تأثیر روح خدا بر موسی در کتاب اعداد دیدیم. اما نگاه نحمیا به تاریخ اسرائیل در قرون بعد غم‌انگیز است.

«سال‌های بسیار با ایشان مدارا کردی و به روح خویش به‌واسطهٔ انبیای خود بدیشان هشدار دادی، اما گوش فرا ندادند.» (نحمیا ۹:۳۰)

موسی بی‌گمان خود نبی بود، اولین نبیِ بزرگ در خط سیری طولانی که در نهایت به مسیح ختم می‌شود. بازگردیم به دو آیه‌ای که مدنظر ما است. در این دو آیه، خدمت انبیا را در دو فضا می‌بینیم. یکی تعلیم از جانب موسی مطابق نحمیا ۹:۲۰ و دیگری هشدار از جانب انبیا مطابق نحمیا ۹:۳۰. نحمیا هر دو وظیفه را اساساً جزو کار روح‌القدس می‌بیند. در اینجا ما با محتوای اصیل خدمت که پیام سخنگویان خدا را تشکیل می‌داد روبه‌رو می‌شویم. به خاطر دارید که در بررسی انبیای دروغین که فاقد روح خدا بودند، نشانه‌های ناخوشایندی به‌چشم می‌خورد. آنها فاقد صداقت اخلاقیِ شخصی و شهامت گفتاری جمعی بودند و اصلاً دعوتی از جانب خدا برای خدمت نداشتند. حال آیا می‌توان نشانه‌هایی برای انبیای پر از روح خدا برشمرد؟ باید اذعان داشت که می‌توان به ویژگی‌های بسیاری در انبیای عهدعتیق اشاره کرد. اما من برآنم که به متونی اشاره کنم که در آنها به رابطهٔ نبی و روح خدا به‌طور خاص می‌پردازند. در این‌باره، دو نکتهٔ بسیار بارز پیرامون ویژگی‌ها و یا نشانه‌های انبیای راستین به‌چشم می‌خورد. انبیای راستین چون از جانب روح خدا سخن می‌گویند به یقین این دو خصلت را دارند: ۱. الزام به بیان حقیقت. ۲. شهامت ایستادگی برای عدالت

الزام به بیان حقیقت. نمونه‌ای که برای این نکته در نظر گرفتیم ممکن است تعجب‌انگیز باشد، چون شخص مَدنظر حتی اسرائیلی هم نیست. اما در روایت دیدار او با قوم اسرائیل، متن به‌وضوح از عبارت قرار گرفتن روح خدا، همان خدای قوم اسرائیل، بر وی سخن می‌گوید (اعداد ۲۴:۲۰). نام او بَلعام است، نبیِ عجیب و غریبی که در شرق بین‌النهرین می‌زیست و گویی پیشگویی می‌کرد. داستان بَلعام در کتاب اعداد باب‌های ۲۲ تا ۲۴ یافت می‌شود.

وقتی قوم اسرائیل در دشت‌های مواب اردو زدند تا از آنجا به سرزمین کنعان بروند، پادشاه وقت مواب، بالاق، «بسیار هراسناک شد زیرا قوم بی‌شمار بودند» (اعداد ۲۲:۲-۳). اما در واقع جای ترس نبود زیرا فرمان خدا به قوم اسرائیل مبنی بر عدم تسخیر مواب بود. مواب تنها گذرگاه برای قوم اسرائیل قلمداد می‌شد (تثنیه ۹:۲). ولی بالاق از سر ترس به جادوگری روی آورد و بَلعام را اجیر کرد تا اسرائیل را لعن کند. آوازهٔ بَلعام چنان بود که در این موارد خدمتش ناب محسوب می‌شد (اعداد ۶:۲۲). بالاق خبر نداشت که چنین اقدامی می‌تواند به ضرر خود او تمام شود، زیرا خدا به ابراهیم وعده داده بود که «هر که را که تو را لعن کند، لعن خواهم کرد.» (پیدایش ۳:۱۲)

بَلعام سه بار می‌کوشد تا اسرائیل را لعن کند و هر دفعه وعدهٔ پاداش بیشتری نیز از بالاق به‌خاطر عدم موفقیت قبلی دریافت می‌کرد. تلاش سه‌بارهٔ بَلعام عقیم ماند و او فهمید که هیچ کاری جز برکت دادن اسرائیل نمی‌تواند انجام دهد. در پایان، بَلعام دستمزدش را پس می‌دهد و پس از برکت دادنِ قوم اسرائیل روانهٔ خانه می‌شود. شاید این‌بار حکیم‌تر و حلیم‌تر از قبل شده بود.

در این میان نکتهٔ قابل توجه آن است که بَلعام از پیش باخبر شد که تنها آنچه را که خدا به او می‌گوید به زبان آوَرَد. و زمانی که از روح خدا پر می‌شد، جز حقیقت، چیز دیگری را نمی‌توانست به زبان بیاورد. مشاجرات بَلعام و بالاق حالت طنز به خود می‌گیرند. بالاق هر دفعه خشمگین‌تر از دفعهٔ پیش از بَلعام می‌خواهد به‌خاطر وعدهٔ پاداش به وظیفه‌اش عمل کند، اما این سودای نافرجامی بود.

> بالاق به بَلعام گفت: «با من چه کردی؟ تو را آوردم تا دشمنانم را لعن کنی، اما تو ایشان را برکت تمام دادی!» بَلعام او را پاسخ داد: «آیا نمی‌بایست به هوش باشم تا آنچه را خداوند در دهانم می‌گذارد، بگویم؟» (اعداد ۱۱:۲۳-۱۲)

> آنگاه بالاق به بَلعام گفت: «ایشان را نه لعن کن و نه برکت ده.» اما بَلعام پاسخ داده، به بالاق گفت: «آیا تو را نگفتم، هر آنچه خداوند بفرماید، همان را باید انجام دهم؟» (اعداد ۲۳:۲۵-۲۶)
> آنگاه خشم بالاق بر بَلعام افروخته شد و دستان خود را بر هم کوفته، بَلعام را گفت: «تو را فرا خواندم تا دشمنانم را لعن کنی، اما تو ایشان را سه بار برکت تمام دادی. پس حال به مکان خود بگریز. گفته بودم "تو را حرمت بسیار خواهم نهاد"، اما اینک خداوند تو را از این حرمت به دور داشته است.» بَلعام به بالاق پاسخ داد: «آیا به‌واقع به فرستادگانی که نزد من گسیل داشتی، نگفتم: حتی اگر بالاق خانهٔ خویش را پر از نقره و طلا به من بخشد، نمی‌توانم از فرمان خداوند تجاوز کرده، به میل خود کاری خوب یا بد انجام دهم؛ بلکه آنچه خداوند گوید، همان را خواهم گفت؟» (اعداد ۲۴:۱۰-۱۳)

این نشانهٔ صحیح شخصی است که واقعاً از روح خدا پر شده است. بَلعام با آنکه غیراسرائیلی بود اما می‌تواند نمونه‌ای برای هر نبی واقعیِ اسرائیلی باشد (به‌طور قطع آنچه بَلعام دربارهٔ خود می‌گوید برای هر واعظ مسیحی نیز صادق است). میکایا نیز دقیقاً همچون بَلعام سخن گفت، زمانی که او را به حضور اخاب و یهوشافاط احضار کردند تا برکتی پیش از جنگ اعلام نماید (اول پادشاهان ۲۲:۱۴). نکتهٔ کنایه‌آمیز داستان آن است که اخاب بر شنیدن حقیقت اصرار می‌ورزد اما بعد عامدانه و به‌طرزی خودویرانگر آن را نادیده می‌گیرد. اما بی‌اعتنایی اخاب به حقیقت مانع از تحقق آن نشد.

جالب است که نگاه دیگری به نبوت‌های بَلعام بیندازیم وقتی که روح خدا بر او قرار گرفت. (اعداد ۲۴:۲)

> «چگونه لعن کنم او را که خدا لعن نکرده است؟
> چگونه نفرین کنم کسی را که خداوند نفرین نکرده است؟»
> (اعداد ۲۳:۸)

«خدا انسان نیست که دروغ گوید، و نه بنی‌آدم که از تصمیم خود منصرف شود.
«آیا او سخنی گفته که بدان عمل نکرده باشد؟
یا کلامی بر زبان آورده که به انجام نرسانده باشد؟
هان فرمان یافتم که برکت دهم؛ او برکت داده، و آن را باطل نتوانم کرد.» (اعداد ۲۳:۱۹-۲۰)

بَلعام که از جانب روح خدا سخن می‌گفت نمی‌توانست آنانی را که خدا برکت داده لعن کند. اما امروزه تأسف‌انگیز است که برخی رهبران آنچه را که خدا محکوم کرده مبارک اعلام می‌کنند و ادعا دارند که از هدایت و تنویر روح خدا نیز برخوردارند.

پس از همین ابتدای سفر قوم اسرائیل در بیابان درمی‌یابیم که عطای اصیل نبوت که تحت کنترل روح خدا است شخص نبی را ملزم به گفتن حقیقت می‌کند حتی اگر آن نبی از زمینه‌ای بت‌پرست آمده باشد.

اما حقیقت در کالبدی بس وسیع‌تر، یعنی تورات، و توسط نبیِ والاتری که همانا موسی است، متجلی می‌شود. تورات همان رهنمود الهی است که به قول پولس «تبلور معرفت و حقیقت» است و موسی آن را به‌واسطهٔ الهام روح به قوم اسرائیل بخشید (رومیان ۲:۲۰). نحمیا نیز تورات را تعلیمی مُلهِم از روح می‌داند (نحمیا ۹:۲۰) و روح خدا، روح و قلب حقیقت است.

ارزش بی‌نظیر و بی‌همتای تورات در عهدعتیق به آن محوریتی جایگزین‌ناپذیر می‌بخشد (تثنیه ۳۲:۴-۳۳، مزمور ۱۴۷:۱۹-۲۰). مفاهیم تورات زیربنای موعظهٔ انبیا را در بر می‌گرفت و معیار سنجش همه‌جانبه‌ای به‌دست نویسندگان تاریخ قوم اسرائیل می‌داد تا به‌واسطهٔ آن نگاه جامع‌تری به سرگذشت قوم داشته باشند. تورات همچنین ریشه‌های مفاهیم و دلیل پرستش قوم اسرائیل را آبیاری می‌کرد. و اکنون ما این گنج بی‌نظیر را در کتاب‌مقدس داریم. بلی کلام خدا به‌واسطهٔ روح‌القدس به ما بخشیده شده است و این کلام تجسم حقیقت است زیرا نویسندگان

آن بــه مدد روح خدا ملزم به بیان حقیقتی بودند که از ذات خدا نشــأت می‌گرفت. از این‌رو حقیقت کلام خدا آن‌را قابل اعتماد می‌سازد و باید بنیان تفکر، باور و رفتار ما را شکل دهد. این کلام حقیقت جهان‌بینی ما را سامان می‌بخشد و به نگاه ما به تمام جوانب حیات جهت می‌دهد. باری کلام خدا بنیانی است که بر آن تمام زندگی خود را می‌سازیم.

حقیقت و اعتبار کلام خدا در شــعر زیبای مزمور ۱۱۹ ارزش والای خود را نشان می‌دهد.

«شهاداتی که تو امر فرموده‌ای عدل است، و امانت تا به نهایت.
عدالت تو عدالتی است جاودانه، و شریعت تو حق است.
جملۀ کلام تو راستی اســت، و همۀ قوانین عادلهات، جاودانه.»
(مزمور ۱۱۹:۱۳۸و۱۴۲و۱۶۰)

بــه همین دلایل مزمورنگار با اطمینان تمــام زندگی خود را بر کلام خدا بنا می‌کند. عیســای مســیح نیز همچون مزمورنگار چنین اعتماد راســخی به کلام خدا داشت. مســیح به پدرش گفت: «کلام تو حقیقت است» (یوحنا ۱۷:۱۷). همچنین مسیح عمل روح خدا را در بیان حقیقت تصدیق می‌کرد. (یوحنا ۱۳:۱۶)

آیا شــما نیز ایمان دارید که کلام خدا راســت و قابل اعتماد است؟ مســیح همین ایمان را داشــت. انبیا، مزمورنگاران، موسی و بلعام، کلام خدا را باور داشــتند. باور بنیادین ایمان مســیحی آن است که خدا ما را در تاریکیِ جهل و لغزشِ ناشــی از آن رها نکرده است. بلکه همان‌گونه که پطرس رســول به ما یادآوری می‌کند، آدمیان تحت نفوذ روح‌القدس از جانب خدا ســخن گفتند و دســت به نگارش زدند. بدین‌سان، نشانۀ اصلی فردی که تحت کنترل روح خدا ســخن می‌گوید، بیان حقیقت و وفاداری به راســتی است. اما ذکر این نکته را ضروری می‌دانم که منظور تنها پذیرش عقلانی نیست. نباید تنها به یک اعتراف شفاهی بسنده کنیم، مثـلاً اینکه «من باور دارم کتاب‌مقدس حقیقت اســت.» حداقل باید دو اقدام دیگر صورت گیرد.

اولاً، آیا ما تمام زندگی‌مان را در همهٔ ابعادش بر حقیقت کلام خدا بنا کرده‌ایم؟ آیا جهان‌بینی ما را کتاب‌مقدس شکل می‌دهد؟ آیا کتاب‌مقدس نه مفعول بلکه فاعل و شکل‌دهندهٔ افکار ماست؟ این سؤال بدان معنی است که نه فقط باید به کلام خدا فکر کنیم، بلکه باید با کلام خدا فکر کنیم. بلی، کلام خدا باید زیربنا و جهت‌بخش اندیشهٔ ما در همهٔ امور و نیز راهنمای عمل و رفتارمان در همهٔ شرایط باشد.

دوماً، آیا ما همهٔ آنچه را که تحت عنوان حقیقت در کتاب‌ها می‌خوانیم، یا در موعظه‌ها از واعظان مشهور مسیحی و دیگر رسانه‌های عمومی می‌شنویم، با حقیقت کلام خدا مَحَک می‌زنیم؟ بهترین نمونه در این مورد ایمانداران اهل بیریه هستند که دربارهٔ آنها می‌خوانیم، «زیرا پیام را با اشتیاق پذیرفتند و هر روز کتاب‌مقدس را بررسی می‌کردند تا ببینند آیا به‌راستی چنین است» (اعمال رسولان ۱۱:۱۷). دقت کنید که اهالی بیریه حتی وعظ پولس را از صافیِ کلام خدا عبور می‌دادند. بلی، تنها کتاب‌مقدس مرجع غایی حقیقت است و سخن رسولان نیز زیر سایهٔ اقتدار آن قرار می‌گیرد. آیا شما نیز چنین به کلام خدا نگاه می‌کنید؟ کتاب‌مقدس مرجعی است که باید تمامی ادعاها را با آن بسنجید. ممکن است کتابی بسیار جذاب از نویسنده‌ای مسیحی بخوانید که بر جلدش تعاریف پرطمطراقی نیز نوشته باشند. باید بدون شیفته‌شدن به جذابیت آن کتاب از خود بپرسید، «آیا کتاب‌مقدس نیز واقعاً همین را می‌گوید؟ آیا آیات مندرج در کتاب به‌درستی نقل و تفسیر شده‌اند؟ آیا این آیات در زمینهٔ اولیهٔ خود بررسی شده‌اند؟ یا خارج از زمینهٔ اصلی و بدون دقت نظر کافی و توجه لازم به مابقی بخش‌های کتاب‌مقدس ارائه شده‌اند و انعکاسی ناصحیح از کلام خدا به‌دست می‌دهند؟» گویی کلام خدا به‌دست نویسندهٔ هرچند مشهور معنایی دیگر می‌یابد و این‌گونه تحریف می‌شود.

شایان ذکر است که هدف من آن نیست که بدبینی و سوءظن را ترویج دهم تا دیگر هرگز نتوان نوشته یا گفته‌ای را باور کرد. به باور من، مشکل آنجاست که بسیاری از مسیحیان بسیار زودباورند و هر ادعایی

را به‌راحتی می‌پذیرند. استدعای من آن است که با درایت بیشتر به همه چیز نگاه کنیم و گفتهٔ عیسی را از یاد نبریم که فرمود نه هرچه به نام او بر زبان آورند، از آنِ او است. هر ادعایی از روح‌القدس لزوماً از روح حقیقت نشأت نمی‌گیرد. خوشبختانه روح حقیقت که از طریق انبیای راستین سخن می‌گوید و کلام را الهام بخشیده است در هر ایماندار واقعی مسکن می‌گزیند. این روح، ایمانداران را به شناخت حقیقت ملزم می‌کند و کلام خود را در آنها قرار می‌دهد تا در پی درک عمیق‌تر راستی بکوشند. بلی، این‌چنین است نشانهٔ اصیل عمل روح خدا. از یاد نبریم که روح‌القدس، روح تناقض نیست. از این‌رو باید همهٔ ادعاهای نبوتی را که ادعای سرچشمه گرفتن از روح خدا را دارند، به‌درستی محک زد و آنها را با کتاب‌مقدس سنجید.

شهامت ایستادگی برای عدالت. خدا انبیایش را گسیل می‌کرد تا شرارت قومش را برملا سازند و به آنها هشدار دهند تا به عواقب وخیم اعمال خود بیندیشند. چنین شرح وظایفی به هیچ‌وجه خوشایند نبود و قطعاً خطراتی نیز در بر داشت. آسان‌تر آن بود که نبی جزو انبیای شادمانِ سلامت و ثروت باشد. باری، هیچ‌کس دوست ندارد به چالش کشیده شود و در معرض انتقاد قرار گیرد، و هیچ‌کس نمی‌خواهد خطای مردمان را گوشزد کند. خلاف جریان آب شنا کردن کار هرکسی نیست. اما انبیا تحت الزام روح خدا حقیقت را بیان می‌کردند و این کار را با شهامت انجام می‌دادند. از جمله انبیای پیش از دوران تبعید می‌توان به عاموس اشاره کرد. جامعه با او قهرآمیز برخورد کرد و در خطر اخراج شدن از قوم قرار گرفت. هوشع نیز بسیار آزار دید زیرا ازدواج نافرجامش نماد پیام دردناکش بود. ارمیا به مرگ تهدید شد و خانواده‌اش در برابرش موضع گرفتند. از او به‌عنوان خائن به ملت یاد کردند و تحت آزار جسمی، جانش در زندان به خطر افتاد. یکی از معاصران او به‌نام اوریا که پیامی مشابه با ارمیا داشت کشته شد. (ارمیا ۲۶:۲۰–۲۳)

می‌توان خلاصهٔ فضای خدمتی انبیای پیش از تبعید قوم اسرائیل را در گفتار زکریا پیدا کرد. پیام آنها با طردشدگی همراه بود.

«آیا این کلامی نیست که خداوند به واسطهٔ انبیای پیشین اعلام فرمود، آنگاه که اورشلیم و شهرهای مجاورش هنوز مسکونی و در رفاه بودند و مردم در نِگِب نواحی کم‌ارتفاع سکونت داشتند؟» و کلام خداوند بر زکریا نازل شده، گفت: «خداوند لشکرها چنین می‌فرماید: به حق داوری کنید و هریک با دیگری مهربان و باگذشت باشید. بر بیوه‌زنان و یتیمان و غریبان و فقیران ظلم مکنید و در دل خود نسبت به یکدیگر بدی میندیشید.» اما آنان از گوش سپردن ابا نمودند و سرسختی ورزیده، گوشهای خود را فرو بستند تا نشنوند. (زکریا ۷:۷-۱۲)

باز می‌بنیم که انبیا هستند که عمل روح خدا را در انبیای پیش از خود به‌وضوح می‌بینند. زیربنای پیام انبیای پیشین اجرای عدالت، شفقت و رحمت و عدم بهره‌جویی از نیازمندان بود. تمام این خصوصیات به‌واقع دغدغهٔ اصلی خدای قوم اسرائیل محسوب می‌شد. پس وقتی روح یهوه، خدایی که برای برپایی عدالت و شفقت غیور است، بر کسی قرار می‌گرفت، چارهٔ دیگری جز طلب عدالت و شفقت باقی نمی‌ماند. روح نبوت، هم در پی حقیقت است و هم خواستار اجرای عدالت. در واقع، حقیقت و عدالت، جوهر شخصیت خدای کتاب‌مقدس‌اند (اشعیا ۵:۱۶). هرگاه روح خدا سخن می‌گوید بر این دو خصیصه تأکید می‌ورزد. روح خدا چگونه می‌تواند سخن بگوید اما خواست و اشتیاق دل خدا را آشکار نسازد؟ پس اگر شخصی ادعای سخن گفتن از جانب خدا را دارد ولی پیامش فاقد حقیقت و بدون توجه به عدالت است، از جانب روح خدا سخن نمی‌گوید.

حال باز می‌گردیم به متن نبوتی که این فصل را با آن شروع کردیم. میکاه ۸:۳ با پیام سازشکارانهٔ انبیای دروغین در تضاد قرار می‌گیرد.

اما من به روح خداوند از قوت پر گشته‌ام، از انصاف و توانایی؛
تا یعقوب را از عِصیانش آگاه سازم، و اسرائیل را از گناهش.
(میکاه ۸:۳)

چنانکه گفتیم این آیه جایگاهی بســیار عجیب در میان نوشــته‌های انبیای پیش از تبعید قوم اســرائیل دارد. این آیه آشکارا به نقش روح خدا در نبوت میکاه می‌پردازد. اما دقت کنید که نقش روح ســریعاً با مســئلهٔ انصاف و عدالت پیوند می‌خورد. بخش‌های مختلف این آیه یک معنی را تداعی می‌کنند. برای میکاه، پر شــدن از روح مساویِ پر شدن از انصاف و عدالت اســت و عدالت احتمالاً در این متن به معنای «دفاع شورمندانه از فقرا و مظلومان است.»

چرا این ارتباط آن‌قدر طبیعی است که می‌توان بدین‌شکل موازی آن را بیان کرد؟ زیرا، روح در عهدعتیق بیانگر روح خداوند یهوه اســت، و به خدایی دیگر اشــاره ندارد. روح یهوه صرفاً یک مفهوم ذهنی و مجرد نیســت. در واقع تمام عهدعتیق حقیقتی غیرقابل انکار را نمایان می‌سازد و آن معرفی جوهر شخصیت یهوه خدای قوم اسرائیل است که تار و پود آن را انصاف، عدالت، حقیقت و صداقت تشکیل می‌دهد. یهوه بر تخت پادشاهی نشسته است و عدل و انصاف بنیان تخت اوست (مزمور ۲:۹۷). هرکه روح خدا را دارد آنچه را که او دوســت می‌دارد، دوســت خواهد داشــت. ارزش‌های الهی، ارزش‌های او می‌شود و در پی دفاع از کسانی برمی‌آید که یهوه محافظ آنهاســت. به‌راســتی کسی که به عدالت وقعی نمی‌نهد، خدا را نمی‌شناسد.

> خداوند چنین می‌فرمایــد: «حکیم به حکمت خویش فخر نکند و مرد نیرومند به نیروی خــود نَنازد و دولتمند به دولت خویش نبالــد. بلکه هر که فخر می‌کند، به این فخــر کند که فهم دارد و مرا می‌شناســد و می‌داند که من یهوه هستم که محبت و انصاف و عدالــت را در جهان به جا می‌آورم. زیــرا از این چیزها لذت می‌برم»؛ این است فرمودهٔ خداوند. (ارمیا ۹:۲۳-۲۴)
>
> (یوشیا) عدالت و انصاف را به‌جا می‌آورد،
> از همین رو سعادتمند بود.
> او ستمدیدگان و نیازمندان را دادرسی می‌کرد،

و از همین رو سعادتمند بود.
آیا شناختن من جز این است؟
این است فرمودهٔ خداوند.» (ارمیا ۲۲:۱۵-۱۶)

در اینجا با آزمونی دیگر برای به‌اصطلاح خادمینی که ادعای برخورداری از روح خدا را دارند روبه‌رو می‌شویم. آیا آنها به مسئلهٔ اجرای عدالت برای فقرا و نیازمندان می‌پردازند؟ و یا با عبارت «ما با سیاست کاری نداریم»، دست خود را از انجام هر اقدامی می‌شویند و اجازه می‌دهند شرایط سیاسی موجود همچون گذشته به ظلم بر مظلومان بپردازد و اوضاع همچون گذشته ادامه یابد. عبارت «ما با سیاست کاری نداریم» دقیقاً خلاف کاری بود که انبیای مُلهِم از روح در عهدعتیق بدان مبادرت می‌ورزیدند. اگر انبیای عهدعتیق در پی عافیت‌طلبی بودند، همین شعار به‌ظاهر جذاب اما در واقع پوچ و مخرب را دنبال می‌کردند. ولی عافیت‌طلبی با اصالت خدمت انبیا در تضاد است. اگر روح یهوه شما را دعوت به خدمت کند، جوهر آن دعوت جسارتِ ایستادن برای عدالت به هر قیمتی است.

نتیجه‌گیری

از روح نبوت در این فصل چه آموختیم؟ فصل را با دوم پطرس ۱:۲۰-۲۱ شروع کردیم و دیدیم که سرچشمهٔ نبوت واقعی در عهدعتیق روح‌القدس است که آدمیان را به «سخنگویان خدا» تبدیل می‌کند. از این‌رو به الهام کتاب‌مقدس باورمندیم و منشاء دوگانهٔ نگارش آن را می‌پذیریم که همانا کلمات انسان برای بیان کلام خدا است. اما همین اعتقاد ما را وا می‌دارد تا دریابیم روح‌القدس دقیقاً چه کلماتی را به انبیا برای سخن گفتن می‌بخشد. دیدیم که در تضاد با انبیای دروغین و مردم‌فریب، که فقط چیزی از خود می‌بافند و هرگز به بی‌عدالتی موجود در جامعه توجه نمی‌کنند، انبیای راستین و پر از روح خدا برای برپایی حقیقت و عدالت ذره‌ای عقب نمی‌نشینند.

همان میکاه که به رابطهٔ مستقیمی بین پـری روح و برپایی عدالت معتقد بود، ما را با چالش دیگری مواجه می‌سازد.

> ای مرد، او تو را از آنچه نیکوست آگاه ساخته است؛ و خداوند از تو چــه می‌طلبد، جز آنکه انصاف را بــه جای آری و محبت را دوســت بداری، و با فروتنی در حضور خدایت سلوک کنی؟ (میکاه ۶:۸)

بدین‌ســـان، وقتی محتوای پیام خادمین و ســـازمان‌های خدماتی را می‌ســـنجیم تا ببینیم که آیا روح خدا را دارند یا نه، به زندگی‌شان نیز نظر عمیقی می‌اندازیم. باید از انبیای کاذب که با خودشیفتگی تنها برای خود زندگی می‌کنند و اصلاً نگران نقض بارز عدالت نیستند، حذر کرد. انبیای دروغین هر چقدر هم که نام پســر خدا و روح او را بر زبان آورند، نباید تأیید شوند، زیرا در نافرمانی تکبرآمیز علیه خدا به‌سر می‌برند.

فصل چهارم

روح مسح‌کننده

در دو فصل گذشته عملکرد روح خدا را در عهدعتیق در قوت بخشیدن به رهبران و در اِعطای تورات و نیز توانا ساختن اشخاص برای برپایی عدالت نظاره کردیم. از پادشاهان قوم اسرائیل انتظار می‌رفت مظهر تمامی این ویژگی‌ها باشند. آنان می‌بایست به‌سان رهبران دلسوز و مدافع مردم خود حتی در نبردها نیز حضور داشته باشند. پادشاهان می‌بایست تورات را می‌شناختند و خود را ملزم به اطاعت از آن می‌دانستند تا بتوانند در رویارویی با بحران‌های مختلف، تصمیمات حکیمانه‌ای بگیرند. و نیز پادشاه آرمانی قوم شخصی بود که عدالت را برای ضعفا و فقرا که صدای‌شان به‌گوش کسی نمی‌رسید، بر پا می‌داشت. بلی چنین رهبری از یتیمان و بیوه‌زنان به‌دلیل بی‌کسی حمایت می‌کرد. در همه جای عهدعتیق، در تورات، نوشته‌های انبیا و همچنین ادبیات حکمتی، مزامیر و روایات دیگر، به‌وضوح این آرمان‌ها را می‌بینیم. به‌راستی هیچ جای شک و شبهه‌ای پیرامون انتظارات از پادشاهان اسرائیل در عهدعتیق وجود ندارد. حال بیایید به برخی از آنها نظری بیندازیم.

«و چون بر تخت پادشاهی خود نشیند، رونوشتی از این شریعت را چنانکه نزد لاویانِ کاهن است، بر طوماری برای خود بنویسد. و آن نزد او باشد، و همهٔ روزهای عمرش آن را بخواند، تا بیاموزد که از یهوه خدای خود بترسد، و همهٔ کلمات این شریعت و این فرایض را نگاه داشته، به عمل آورد؛ تا دل او بر برادرانش مغرور نشود، و از این فرامین به طرف راست یا چپ منحرف نگردد، و تا ایام طولانی در اسرائیل پادشاهی کند، هم او و هم پسرانش.» (تثنیه ۱۸:۱۷–۲۰)

«خدایا، عدالت خود را به پادشاه عطا فرما، و انصاف خویش را به ولیعهد!

باشد که او ستمدیدگانِ قوم را دادرسی کند، و کودکانِ نیازمندان را نجات بخشد، و ستمگر را فرو کوبد.

زیرا او نیازمند را هنگامی که فریاد بر می‌کشد، رهایی می‌بخشد، و ستمدیده را، و کسی را که یاوری ندارد. بر بینوا و نیازمند ترحم می‌کند، و جان نیازمندان را نجات می‌بخشد.» (مزمور ۱:۷۲و۴و۱۲–۱۳)

«ای لِموئیل، شاهان را نمی‌شاید، شاهان را نمی‌شاید که شراب نوشند، و نه حاکمان را که مشتاق مُسکِرات باشند. مبادا بنوشند و قوانین را از یاد ببرند، و حق را از مظلومان سلب کنند.

دهان خود را برای بی‌زبانان بگشا، به‌خاطر دادرسی همهٔ بیچارگان. دهان بگشا و عادلانه داوری کن؛ فقیران و نیازمندان را دادرسی نما.» (امثال سلیمان ۴:۳۱–۵و۸–۹)

و بگو: «ای پادشاه یهودا که بر تخت داوود نشسته‌ای، تو و خادمانت و قومت که از این دورازه‌ها داخل می‌شوید، کلام خداوند را بشنوید. خداوند چنین می‌فرماید: عدل و انصاف را به جا آرید، و غارت‌شدگان را از دست ظالمان برهانید. بر غریبان و یتیمان و بیوه‌زنان جور و ستم مکنید، و خون بیگناهان را در این مکان مریزید.» (ارمیا ۲:۲۲–۳)

«و چون همهٔ اسرائیل خبر حکمی را که پادشاه داده بود شنیدند، از پادشاه ترسان شدند، چون دریافتند که حکمت خدا در اوست تا عدالت را برقرار کند.» (اول پادشاهان ۲۸:۳)

«متبارک باد یهوه خدایت که از تو خشنود بوده، و تو را بر تخت پادشاهی اسرائیل نشانیده است. خداوند از آن جهت که اسرائیل را جاودانه دوست می‌دارد، تو را پادشاه ساخته است تا عدل و انصاف را به جا آوری.» (اول پادشاهان ۹:۱۰)

پر واضح است که چنین انتظار بلندی را نمی‌توان تنها به مدد توانایی انسانی برآورده کرد. از این‌رو پادشاهان در اسرائیل با روغن مسح می‌شدند و این امر نمادی بود از قوتی که یهوه خدای اسرائیل از طریق روحش به آنها می‌بخشید تا بتوانند مأموریت خاص خود را به‌انجام رسانند.

مسح نشانهٔ "جایگاه" فرد نه به‌مثابه رتبه، منزلت و مزیت، بلکه مُعرفِ کار ویژه و مسئولیت شخص بود. «شخص مسح‌شده» فردی است برگزیده که مأموریت دارد کاری را که مدنظر خدا است به‌انجام رساند و آن را به‌واسطهٔ روح خدا انجام دهد. بدین معنا، این پادشاه حتی می‌تواند غیراسرائیلی باشد. این امر را می‌توان به‌طرز شگفت‌انگیزی در بیانات اشعیای نبی دربارهٔ کوروش، پادشاه پارس، مشاهده کرد.

آن که دربارهٔ کوروش می‌گوید: «او شبان من است، و تمامی خشنودی مرا به جا خواهد آورد.» و آن که دربارهٔ اورشلیم می‌گوید: «بنا خواهد شد»، و در خصوص معبد که: «بنیادت نهاده خواهد گشت.» (اشعیا ۲۸:۴۴)

«این است آنچه خداوند به مرد مسح‌شدهٔ خود می‌گوید، به کوروش، که دست راستش را گرفتم.» (اشعیا ۱:۴۵)

کوروش «مسح‌شدهٔ خداوند» نام می‌گیرد زیرا مطابق متن خواست خدا را انجام می‌دهد و این کار را با قوت روح توان‌بخشِ الهی به انجام می‌رساند.

از این‌رو، در این فصل در ابتدا به بررسی مفهوم مسح برای پادشاهان تاریخ اسرائیل می‌پردازیم. سپس، همین مفهوم را برای پادشاه خدمتگزاری که عهدعتیق پیرامون ظهورش سخن می‌گوید، پی می‌گیریم. این بررسی دربردارندهٔ نگاهی جامع به مأموریت خدا از طریق قوم اسرائیل است که این پادشاه خدمتگزار آن را با نیرو گرفتن از روح خدا نمایندگی می‌کند. واضح است که در قسمت بعدی نگاهی به مسح و مأموریت عیسای مسیح (واژهٔ مسیح به معنای مسح‌شده است) خواهیم داشت زیرا اوست که مأموریت پادشاه خدمتگزار را به کمال خواهد رساند. در نهایت به بررسی مسح و مأموریت کلیسا و همچنین خود خواهیم پرداخت زیرا مسیح این مأموریت را به کلیسایش محول کرده است. در واقع، زنجیر اتصالی که این مسح و مأموریت را زنده نگه می‌دارد، شخصی است که تمامی این کتاب حول شناخت او به نگارش درآمده است و او روح قدوس خدا است.

مسح و پادشاهان تاریخ اسرائیل

شائول. او اولین پادشاه مسح شدهٔ قوم اسرائیل بود. شرح آغاز پادشاهی‌اش را می‌توان در اول سموئیل باب‌های۹و۱۰ دید. آیاتی که به مسح شائول و نقش روح‌القدس اشاره دارند از این قرارند:

> «آنگاه سموئیل ظرف روغن را بر گرفت و بر سر شائول ریخته، او را بوسید و گفت: آیا خداوند تو را مسح نکرده است تا بر میراث او حاکم باشی.» (اول سموئیل ۱:۱۰)
>
> «آنگاه روح خداوند بر تو وزیدن خواهد گرفت و با ایشان نبوت کرده، به مردی دیگر مبدل خواهی شد.» (اول سموئیل ۱۰: ۶)
>
> «به جِبعَه که رسیدند، دسته‌ای از انبیا به شائول برخوردند، و روح خدا بر او وزیدن گرفت و او نیز در میان ایشان به نبوت کردن مشغول شد.» (اول سموئیل ۱۰:۱۰)

از یک‌سو "مسح" بیان‌گر کاری است که به‌شکل فیزیکی انجام می‌شود. ظرف روغن بر سر شائول ریخته می‌شود که نماد و نشانی هویدا برای همگان است. اما از سوی دیگر، حقیقتی ناپیدا و روحانی در پیِ آن در حال شکل گرفتن است که همانا بُعد روحانی مسح است. شائول آشکارا و عمیقاً به تجربه‌ای نوین دست می‌یابد که همانا برخورداری از قدرت رازگونهٔ روح یهوه است.

در این مورد، تلفیق عملکرد سمبلیک و اثر باطنی آن بر شائول، بر دو امر دلالت دارد. اول، تأییدی بود بر کلام سموئیل زیرا هرچه به شائول گفته بود، تحقق یافت (همچنین پیدا شدن الاغ‌های گمشده‌اش). از سوی دیگر، به شائول مجوز رهبری قوم اسرائیل را می‌بخشید که برای آن انتخاب شده بود. کارهای اولیهٔ شائول به‌خوبی مؤید تجلیات پرقدرت روح یهوه در شیوهٔ رهبری‌اش است.

اما چنانکه در فصل ۲ کتاب دیدیم چه برای شائول چه برای داوران پیش از او، "مسح"، تضمینی بر موفقیت، وفاداری و همچنین کاراییِ ماندگار نیست. در واقع، سرگذشت شائول به‌دلیل حماقت و نااطاعتی اگرچه با امید آغاز شد اما در میانهٔ راه به بی‌راهه سوق یافت و در نهایت به خودویرانگری ختم شد. اما شایان توجه است که شأن شائول به‌عنوان «مسح‌شدهٔ خداوند» حتی از جانب داوود، که همین خدمت را به‌عنوان پادشاه بعدی قوم اسرائیل بر عهده گرفت، حفظ می‌شود (اول سموئیل ۱۶:۱۳). از این‌رو، هرگز نباید به مسح، که همانا برخورداری از قدرت روح یهوه است، به دیدهٔ تحقیر نگریست حتی اگر شخصی که زمانی از آن برخوردار بوده، حال بسیار از آن فاصله گرفته است.

داوود. در کشاکش ناکامی شائول زمانی که سموئیل برایش ماتم گرفته بود، خداوند از او خواست تا داوود را به‌جای شائول به پادشاهی مسح کند.

> «و اما خداوند به سموئیل گفت: «تا به کی برای شائول ماتم می‌گیری حال آنکه من او را از پادشاهی بر اسرائیل رد کرده‌ام؟

روغندان خویش را از روغن پر کن و روانه شو؛ تو را نزد یَسای بِیت‌لِحِمی می‌فرستم، زیرا از پسرانش یکی را برای خود به پادشاهی تعیین کرده‌ام.» (اول سموئیل ۱۶:۱)

سرانجام پس از رعایت آداب و رسوم لازم و البته تأخیری غیرمنتظره، فرزند منتخب به صحنه می‌آید و آیین مسح انجام می‌گردد.

«آنگاه خداوند گفت، برخاسته او را مسح کن، زیرا همین است. پس سموئیل روغندان را گرفته، او را در میان برادرانش مسح کرد. از آن روز به بعد، روح خداوند بر داوود وزیدن گرفت.» (اول سموئیل ۱۶:۱۲-۱۳)

مسح داوود در تمایز با شائول با اطاعت قلبی عمیق‌تری همراه است (البته این امر به هیچ‌وجه به معنای کمال اخلاقی داوود نیست زیرا چنانکه می‌دانیم مابقی داستان به‌خوبی نشان می‌دهد که داوود قادر به انجام گناهان بزرگی است.) خدا داوود را به‌عنوان «مردی مطابق دل خود معرفی می‌کند» (اول سموئیل ۱۳:۱۴). البته معنی این عبارت در زبان عبری به احتمال زیاد با معنی آن در انگلیسی متفاوت است. در انگلیسی عبارت «مردی موافق دل خود» اصطلاحی است که بیان‌گر علاقهٔ مفرط به شخص یا وجوه اشتراک بسیار با او، و حتی شاید اشاره به فرد دلخواه باشد. اما می‌دانیم که این معانی، مراد این عبارت در زبان عبری نیست. واژهٔ عبری «دل یا قلب» بسیار بیشتر از آن که مُعرفِ حالات عاطفی باشد بر اراده و تصمیم دلالت دارد. برای یهودیان مرکز عواطف در مکانی پایین‌تر از قلب قرار داشت که به آن احشا می‌گفتند. قلب در زبان عبری مرکز تفکر، ارزیابی، تصمیم‌گیری و برنامه‌ریزی است. بنابراین «مردی موافق دل خدا» بیانگر فردی است که فکر و عملش با خدا هم‌خوانی دارد و برنامه‌هایی را که خدا در نظر دارد به اجرا درمی‌آورد. این عبارت برای اولین‌بار در اول سموئیل ۱۳:۱۴ ذکر می‌شود و در تضاد با نحوهٔ عملکرد شائول، که از اجرای فرامین خدا سر باز زد، قرار می‌گیرد. اما داوود نه از لحاظ اخلاقی کامل بود و نه امتیاز ویژه‌ای بر دیگران داشت که او را

به‌طور خاص فرد محبوب خدا می‌ساخت. داوود صرفاً فردی بود که از خدا اطاعت می‌کرد و فرامین او را، برخلاف شائول، به اجرا درمی‌آوَرد.

شائول و داوود هر دو برای پادشاهی اسرائیل مسح شدند. اما داستان متفاوت آنها به ما نشان می‌دهد که مسح به تنهایی ضامن وفاداری فرد نیست و به شخص اعتباری مادام‌العمر در خدمت خدا نمی‌بخشد. مسح باید همراه با اطاعت از خدا و اعتماد بر او باشد. مسح باید در خدمت به خدا و انجام ارادهٔ او متبلور شود. این امر حتی برای یک پادشاه غیراسرائیلی همچون کوروش (که همچون پادشاهان اسرائیل مسح نشد) صادق است. چنانکه در متن دیدیم کوروش چه دانسته، چه نادانسته، منتخب خدا برای برآوردن مقاصد الهی در تاریخی خاص بود و چه نیکو آن را به اجرا درآورد. اما بیشتر پادشاهان اسرائیل در مغایرت با او، گرچه عملاً مسح شدند و کاملاً از آن آگاهی داشتند، ولی در عمل مقصود مسح را به‌جا نیاوردند. سَر آنها با روغن مسح شد اما زندگی‌شان در اطاعت از خدا نبود. آنان هدف و مقصود مسح را در زندگی‌شان به‌جا نیاوردند. ناکامی مداوم و پابرجای پادشاهان تاریخ اسرائیل اعم از حکومت شمالی و جنوبی به‌تدریج امید فزاینده‌ایی برای ظهور پادشاهی مسح‌شده از تبار داوود در دل‌ها زنده کرد. پادشاهی از جنس دیگر که واقعاً موافق دل خدا باشد و او را به تمامی اطاعت کند. پادشاهی که عمل نجات‌بخش خدا را به کمال به قوت روح خدا به انجام رسانَد. حال بیایید نظری به این امید و رؤیای نبوتی بیندازیم.

مسح و آمدن پادشاه خدمتگزار

برخی از متون کلیدی پیرامون آمدن پادشاه موعود از این قرارند. به عناصر مشترک در این متن‌ها توجه کنید.

«نهالی از کُندهٔ یَسا سر بر خواهد آورد، و شاخه‌ای از ریشه‌هایش میوه خواهد داد. روح خداوند بر او قرار خواهد یافت، روح

حکمت و فهم، روح مشورت و قوّت، روح معرفت و ترس خداوند. و لذت او در ترس خداوند خواهد بود. بر حسب آنچه به چشم بیند، داوری نخواهد کرد و بر وفق آنچه به گوش شنود، حکم نخواهد داد؛ بلکه بینوایان را به عدالت داوری خواهد کرد، و برای ستمدیدگان زمین به انصاف حکم خواهد داد. جهان را به عصای دهانش خواهد زد، و شریران را به نَفَس لبهایش خواهد کشت. کمربند او عدالت خواهد بود و شال کمرش، امانت.» (اشعیا ۱۱:۱-۵)

«این است خادم من که از او حمایت می‌کنم، و برگزیدهٔ من که جانم از او خشنود است. من روح خود را بر او می‌نهم، و او عدالت را در حق قوم‌ها جاری خواهد ساخت. او فریاد نخواهد زد و آوای خویش بلند نخواهد کرد، و صدای خود را در کوچه‌ها نخواهد شنوانید. نی خُرد شده را نخواهد شکست، و فتیلهٔ کم‌سو را خاموش نخواهد کرد. او عدالت را در کمال امانت اجرا خواهد نمود؛ سست نخواهد شد و دلسرد نخواهد گشت تا عدل و انصاف را بر زمین برقرار سازد. سواحل دور دست چشم انتظار شریعت اویند. یهوه خدا که آسمان‌ها را آفرید و آنها را گسترانید، او که زمین و ثمرات آن را وسعت می‌بخشد، و نَفَس را به مردمانی که بر آنند و روح را به کسانی که بر آن سالکند ارزانی می‌دارد، چنین می‌فرماید: من، یهوه، تو را به جهت برقراری عدالت خوانده‌ام؛ من دست تو را خواهم گرفت و تو را حفظ خواهم کرد؛ من تو را عهدی برای قوم و نوری برای ملت‌ها خواهم ساخت؛ تا چشمان نابینایان را بگشایی، و اسیران را از زندان برهانی، و ظلمت‌نشینان را از سیاهچال به در آوری.» (اشعیا ۴۲:۱-۷)

«روح خداوندگار یهوه بر من است، زیرا که خداوند مرا مسح کرده است تا فقیران را بشارت دهم؛ او مرا فرستاده تا دلشکستگان را التیام بخشم، و آزادی را به اسیران و رهایی را به محبوسان اعلام کنم؛ تا سال لطف خداوند را اعلام نمایم، و از روز انتقام

خدای‌مان خبر دهم؛ تا همهٔ ماتمیان را تسلی بخشم، و به آنان که در صَهیون سوگوارند، تاجی به عوض خاکستر ببخشم، و روغن شادمانی به عوض سوگواری، و ردای ستایش به جای روح یأس. آنان بلوط‌های پارسایی، و نهال‌های مغروس خداوند خوانده خواهند شد، تا جلال او نمایان شود.» (اشعیا ۶۱:۱-۳)

بر این باورم که شما نیز به سه وجه مشترک در این متون زیبای اشعیا پی بردید:

۱) همهٔ آنها بر آمدن شخصی خاص تأکید دارند. گاه با زبان پادشاهی، تاج‌گذاری و فرمانروایی (عبارت پسر داوود) و گاه با واژگانی که یک خادم را به تصویر می‌کشند، بیان می‌شوند.

۲) همهٔ آنها از نقش روح یهوه (خداوند) در رابطه با آن شخص و وظایف او سخن می‌گویند. وجه ممیزهٔ این خادم برگزیده آن است که از قدرت روح خدا پر می‌شود.

۳) همهٔ آنها بر این امر تأکید دارند که خدا هدف و مأموریت خود را به‌واسطهٔ این پادشاه خدمتگزار به‌انجام می‌رساند، شخصی که خدا او را خواهد فرستاد.

در اینجا با نمونهٔ شخص مسح‌شده در عالی‌ترین شکل آن روبه‌روییم. او نمونهٔ اعلای فرد مورد نظر ماست. او نیز همچون پادشاهان تاریخ قوم اسرائیل مسح می‌شود اما به‌شکلی رازگونه پادشاهی‌اش با اکثر آنها متفاوت است. ویژگی بارز این پادشاه، افتادگی و حِلم یک خادم است. مسح برای او همچون پادشاهان اسرائیل نماد قدرت و حضور روح خدا است، اما در توصیف این مسح با عناصری روبه‌رو می‌شویم که در دیگر پادشاهان آنها را نمی‌یابیم. فراتر از هر امر دیگری، مسح او، تعهد به انجام هدف و مأموریت غایی خدا نه فقط برای قوم اسرائیل بلکه برای تمام جهان است. از خدمت این پادشاه «اقصای جهان» برکت می‌یابند.

باری در شرح این خادم با وجوه مختلفی روبه‌رو هستیم. به‌عنوان مسیحی می‌دانیم که تمامی این توضیحات در نهایت به مسیح، پادشاه خدمتگزار ما ختم می‌شود. اما پیش از آن که به مسیح بپردازیم، باید

تمامی این تصاویر نبوتی پیرامون او را در پهنه و چارچوبی وسیع‌تر قرار دهیم تا درک صحیح‌تری نیز از او به‌دست آوریم.

باید عمل مسیح را در پرتو مأموریت تام و تمام خدا در کتاب‌مقدس ببینیم. پولس از عبارت «ارادهٔ کامل خدا» (اعمال رسولان ۲۷:۲۰) استفاده می‌کند که منظورش نقشه، هدف یا مأموریت جامع و مکشوف خدا است که در کتاب‌مقدس با آن مواجه می‌شویم. پولس رسول سه سال به مسیحیان شهر افسس این نقشهٔ جامع را تعلیم داد و حال ما می‌کوشیم به اجمال در سه زیرمجموعه آن را توضیح دهیم. در این باره به مأموریت خدا، مأموریت قوم اسرائیل و مأموریت خادم خواهیم پرداخت. تنها پس از بررسی این ملاحظات می‌توان به مأموریت عیسی و کلیسا پی برد. طبعاً در این رابطه به نقش روح خدا در تمامی این ابعاد اشاره خواهیم کرد. حال سفر خود را با بررسی مأموریت خدا آغاز می‌کنیم.

مأموریت خدا. کتاب‌مقدس خدایی را معرفی می‌کند که در پی انجام مأموریتی خاص است. حتی روایت خلقت در صفحات آغازین کتاب پیدایش خبر از تحقق مأموریتی پویا برای خدا می‌دهد. در داستان آفرینش با خدایی روبه‌رو می‌شویم که به‌شکل سازمان‌یافته‌ای فکر می‌کند، طرح می‌ریزد و تصمیم به اجرای آن می‌گیرد و با فرمان خود آن را تحقق می‌بخشد، و سپس به ارزیابی آن می‌پردازد. می‌توان گفت که آفرینش آغاز مأموریت خدای کتاب‌مقدس است.

وقتی در روایت آفرینش با انسان روبه‌رو می‌شویم، مأموریت آشکار دیگری قدم به صحنه می‌گذارد. هدف خدا برای مخلوقات انسانی آن است که شبیه او باشند و بر زمین حکمرانی کنند (پیدایش ۱:۲۶-۲۸). البته انسانی که به صورت و شباهت خدا آفریده شده، باید عمل حکمرانی را با مراقبت از خلقت و خدمت به آن انجام دهد (پیدایش ۲:۱۵). در واقع، حکمرانی خدمتگزارانه، جوهر و ماهیت رابطهٔ انسان با خلقت را شکل می‌دهد (پیدایش ۱-۲) و این الگوی مَد نظر خدا برای حیات انسان بر زمین است. به همین دلیل زمین را ساخت و ما را بر آن قرار داد. این همان مأموریت مبتنی بر آفرینش خدا است.

ولی ما این طرح را خراب کردیم و به ضد اقتدار خدا طغیان ورزیدیم. به کلام او اعتماد نکردیم و از فرمانش سر باز زدیم (پیدایش باب ۳). در نتیجه خود و زمین را به غرقاب گناه، فساد، تباهی، شر، ستیز، خشونت و رنجی بی‌پایان سوق دادیم و هنوز هم در این هرج و مرج به‌سر می‌بریم. داستان گناه فزایندهٔ نسل بشر در باب‌های ۳ تا ۱۱ کتاب پیدایش به‌چشم می‌خورد. داستانی که اوج آن در روایت ساختن برج بابل در باب ۱۱ مشهود است. در آنجا خدا با جامعهٔ متحد سقوط کرده و مغرور بشر برخورد می‌کند. اغتشاش زبان، نسل بشر را در پهنهٔ زمین متفرق می‌کند. این بهم ریختگی خود گویای حیات انسان زیر لعن خدا است. در اینجا با تصویری بسیار تاریک روبه‌رو هستیم. به‌راستی چه امید دیگری برای احیای مأموریت خدا در خلقت باقی می‌ماند؟

اما خدا از دو کار پرهیز می‌کند. او نه خلقت را طرد و نه آن‌را تباه می‌کند. برعکس در صدد نجات و احیای آن برمی‌آید. برای این هدف ابراهیم را فرا می‌خواند، و با ابراهیم به بخش بزرگ و بعدیِ مأموریت خدا وارد می‌شویم که همانا خدای رهاننده است.

پیدایش باب ۱۲ حاوی دعوت، فرمان و وعدهٔ خدا به ابراهیم است:

> خداوند به اَبرام گفته بود: «از سرزمین خویش و از نزد خویشان خود و از خانهٔ پدرت بیرون بیا و به سرزمینی که به تو نشان خواهم داد، برو. از تو قومی بزرگ پدید خواهم آورد و تو را برکت خواهم داد؛ نام تو را بزرگ خواهم ساخت و تو برکت خواهی بود.» (پیدایش ۱۲:۱-۳)

خدا به ابراهیم وعدهٔ سه برکت را می‌دهد: (۱) وعدهٔ نسل و تبدیل شدن به قومی بزرگ؛ (۲) وعدهٔ برکت به نسل ابراهیم و برقراری رابطه‌ای خاص با آنها که بعداً عهد نام گرفت؛ (۳) و سرانجام، وعدهٔ زمین برای زندگی. این وعده‌ها به بخش اعظم داستان عهدعتیق ختم می‌شوند و خدا یکی پس از دیگری آنها را متحقق می‌سازد. عهد خدا با ابراهیم دورنمایی بس وسیع‌تر از صرفاً شکل‌گیری قوم اسرائیل را به تصویر می‌کشد. این

عهد به وسـعت همهٔ ملل روی زمین اسـت. «از تو همهٔ طوایف زمین برکت خواهند یافت.» رؤیای الهی جهان‌شـمول است. در واقع، وعدهٔ خدا به ابراهیم در پیدایش ۱۲ پاسـخ خدا به بحران‌های عمیقی است که در نتیجهٔ گناه انسـان در باب‌های ۳ تا ۱۱ نمود یافته است. دیدیم که ملل در باب ۱۱ پیدایش در نتیجهٔ لعن الهی پراکنده شــدند. حال در باب ۱۲ می‌بینیم که قصد خدا آن اسـت که ملل را باز برکت دهد، به همان شکل که در ابتدای خلقت، زمین و انسان را برکت داد. پس ابراهیم به یک معنا شروع جدیدی برای جهان قلمداد می‌شود.

وعدهٔ خدا به ابراهیم در واقع بیانیهٔ مأموریت بزرگ خدا است که همانا وعــدهٔ برکــت به همهٔ ملل را در بر می‌گیرد. ایــن وعده چنان حائز اهمیت اســت که پولس رسول آن را انجیل می‌نامد. شاید بر این باوریم که روایت انجیل، با متی آغاز می‌شود اما پولس آغاز انجیل را در کتاب پیدایش می‌بیند.

> چنانکه ابراهیم «به خدا ایمان آورد و این برای او پارسایی شمرده شد.» پس می‌بینید کسانی فرزند ابراهیم‌اند که به ایمان تکیه دارند. و کتاب چون پیشتر دید که خدا غیریهودیان را بر پایهٔ ایمان پارسا خواهد شــمرد، از این رو، پیشــاپیش به ابراهیم بشارت (انجیل یــا خبرخوش) داد که «همهٔ قوم‌ها به واســطهٔ تو برکت خواهند یافــت.» پس آنها که به ایمان اتکا دارند، با ابراهیمِ ایماندار برکت می‌یابند. (غلاطیان ۳:۶-۹)

پــس مأموریت خدا، برکت دادن به همهٔ ملل روی زمین اســت. اما چگونه چنین چیزی امکان‌پذیر اســت؟ پاسـخ این سـؤال را در مابقی کتاب‌مقدس و عهدجدید می‌یابیم. اما بخش اول پاسخ در کتاب پیدایش، وعدهٔ برکت دادن به ملل اســت. از نســل ابراهیم که منظور همان نسل روحانــی اویند، خدا جامعهٔ جدیدی به‌وجــود می‌آورد که از طریق آنان برکت خدا به همهٔ ملل روی زمین خواهد رسید.

اما این نسل باید با دیگر ملل گناهکار که تعدادشان رو به فزونی است، فرق اساسی داشته باشد. در جهانی که سُدوم و عَمورَه نماد آن است، خدا

در پی قومی اســت که ویژگی‌ها و ارزش‌های متفاوتی را در پیش گیرند. مکالمهٔ خدا با ابراهیم پیش از داوری سُــدوم و عَمورَه به‌خوبی گواه این مطلب است و شرح می‌دهد که چرا خدا ابراهیم را انتخاب کرد.

«حال آنکه از ابراهیم بی‌گمان قومی بزرگ و نیرومند پدید خواهد آمد و همهٔ قوم‌های زمین به واسطهٔ او برکت خواهند یافت. زیرا او را برگزیده‌ام تا فرزندان و اهــل خانهٔ خویش را پس از خود، امر فرماید که با به جا آوردن پارســایی و عدالت، طریق خداوند را نگاه دارند، تا خداوند آنچه را که به ابراهیم وعده داده اســت، نصیب او گرداند.» (پیدایش ۱۸:۱۸-۱۹)

ارتباط بین این آیات بصیرت‌بخش اســت. ابتــدای آیهٔ ۱۸ و انتهای آیهٔ ۱۹ مُعرفِ مأموریت غایی خدا اســت کــه همانا برکت دادن به همهٔ ملل است. گویی خدا مأموریتش را برای خود مرور می‌کند. اما در وسط این دو آیه دلیل انتخاب ابراهیم ذکر می‌شــود و انتظارات اخلاقی از قوم او بیان می‌گردد (به‌جا آوردنِ پارســایی و عدالت). می‌توان گفت این دو آیه خط ســیری منطقی را پیروی می‌کنند که چنین اســت: خدا ابراهیم را دعوت می‌کند، چرا؟ چون او به نســل خــود می‌آموزد که طریق الهی را در پیــش گیرند، چرا؟ تا خدا بتوانــد وعدهٔ برکت دادن به همهٔ ملل را تحقق بخشد. در واقع این دو آیه، قلب خدا را در دعوت از ابراهیم برای ما آشــکار می‌کنند. پس مأموریت خدا، هم قوم او و هم معیارهای الهی را در بر می‌گیرد. خدا از آســمان مستقیماً ملل را برکت نمی‌دهد، او این کار را از طریــق قومش بر زمین انجام می‌دهد. اما آن قومی که مأموریت الهی را بر زمین انجام می‌دهد نقش مهمی در اجرای آن با زیستن مطابق ارادهٔ خدا دارد. در واقع، زندگی مطابق معیارهای الهی، مأموریت آنها را شکل می‌دهد. از این‌رو نباید به نقش قوم خدا تنها به‌عنوان مجرایی برای آمدن پســـر خدا نظر کرد. حال بیایید به مأموریت قوم خدا بیشــتر نگاه کنیم.

مأموریت قوم اسرائیل. قوم اسرائیل به‌خوبی از این امر آگاه بودند که خداوند آنها را برگزیده است. در واقع، بنیادی‌ترین باورشان همین بود که برگزیدهٔ خدا هستند. اما علت انتخاب آنها، برخورداری از ویژگی و امتیازی منحصربه‌فرد نبود که مربوط به خودشان، و همیشه در تملک آنان باشد. بلکه دلیل انتخاب این قوم مسئولیتی منحصربه‌فرد و فراگیر بود که می‌بایست آن را درک کرده با طیب خاطر می‌پذیرفتند. مسئولیتی که پهنهٔ اثر آن در نهایت به همهٔ ملل زمین گسترش می‌یافت. مأموریت قوم اسرائیل ادامهٔ مأموریت خدا بود. آنها می‌بایست مجرای برکت الهی برای همهٔ اقوام می‌بودند، یا به قول اشعیا «نوری برای ملل»، تا نجات خدا به اقصای جهان برسد. قوم اسرائیل در عهدعتیق برای رساندن برکت به همهٔ ملل انتخاب شدند و نمی‌بایست مانع انتقال برکت به ملل دیگر شوند.

هویت و مأموریت اسرائیل از همان لحظه‌ای که سفر آزادی خود را آغاز کردند، شکل گرفت. به‌خصوص در کتاب خروج پس از آن که به کوه سینا رسیدند با حقایقی زیربنایی پیرامون هویت و مأموریت خود روبه‌رو شدند. در پای کوه سینا، پیش از اعطای ده فرمان و سایر شرایع، زمانی که هنوز سفر خود را به‌سوی سرزمین موعود آغاز نکرده بودند، خدا با آنها حقایقی بسیار حیاتی را در میان گذاشت:

> «شما خود دیدید که بر مصریان چه کردم و چگونه شما را بر بالهای عقاب‌ها حمل کرده، نزد خود آوردم. حال اگر واقعاً صدای مرا بشنوید و عهد مرا نگاه دارید، از میان جمیع قوم‌ها، مِلک خاص من خواهید بود، زیرا تمامی زمین از آنِ من است. شما برای من مملکتی از کاهنان، و امتی مقدس خواهید بود. این است آنچه باید به بنی‌اسرائیل بگویی.» (خروج ۱۹:۴-۶)

دو عبارت انتهایی این متن به‌خوبی قصد خدا را برای قوم اسرائیل نشان می‌دهند. آنها می‌بایست کاهنان و مقدسان باشند. برای درک این عبارت باید در ابتدا نقش کاهنان را در اسرائیل، بررسی کنیم. کاهن

شـــخصی بود که بین خدا و مردم قرار می‌گرفت و بدین‌ترتیب نقشـــی دوســـویه داشـــت. از یک‌ســـو، رهنمودهای خدا را به قوم تعلیم می‌داد (ن.ک. لاویان ۱۰:۱۰-۱۱، تثنیـــه ۱۰:۳۳، ارمیا ۱۸:۱۸و ملاکی ۲:۷-۹). در واقع، به‌واســـطهٔ کاهن، خدا میان قومش می‌آمد و راه‌هایش را بر آنها آشـــکار می‌ساخت. از سوی دیگر، کاهن موظف بود قربانی‌های مردم را نزد خدا بیاورد و با پاشـــیدن خون قربانی بر مذبح، گناهان قوم را کفاره کنـــد تا آنها بتوانند به‌رابطهٔ خود با خـــدا و دیگران ادامه دهند. از این‌رو، به‌واسطهٔ کاهن مردم می‌توانستند نزد خدا بروند. پس کاهنان خدا و قوم را نـــزد یکدیگر می‌آوردند. آنها رهنمودهای خـــدا را به قوم می‌گفتند و قربانی‌های قوم را به خدا تقدیم می‌کردند. کاهنان همچنین وظیفهٔ اعلان برکت خدا به قوم را بر عهده داشتند. (اعداد ۶:۲۲-۲۷)

بنابراین، بســـیار شگفت‌انگیز است که در خروج باب ۱۹ خدا به قوم خود می‌گوید: «شـــما کاهنان من برای همهٔ ملل روی زمین هستید.» پس شـــما (قوم اسرائیل) برای ملل همان نقشـــی را دارید که کاهنان در قبال شما دارند. شما قومی هستید که خدا خود را به‌واسطهٔ شما به ملل دیگر خواهد شناساند، و این کار را با اعطای رهنمودها، مکاشفات و کلامش به شـــما انجام خواهد داد. همچنین شما قومی هستید که خدا در نهایت به‌واسطهٔ شما ملل دیگر را به‌سوی خود خواهد آورد، به رابطه‌ای مبتنی بر عهد، بخشـــش و آشتی. و نیز چنانکه کاهنان قوم را برکت می‌دادند، شما نیز برای ملل دیگر برکت خواهید بـــود. پس نقش و هویت کهانتی قوم اسرائیل برای خدا همانا مأموریت‌شان در قبال ملل دیگر قلمداد می‌شد.

اما اسرائیل چگونه باید این مأموریت را به انجام می‌رساند؟ آیا منظور این است که قوم اسرائیل باید سفرهای بشارتی خود را به‌سوی ملل دیگر آغاز می‌کرد؟ من این‌گونه فکر نمی‌کنم. من شـــواهدی در عهدعتیق دال بر درخواست خدا از قوم اسرائیل برای رفتن به‌سوی ملل دیگر نمی‌یابم. بلی، گاه اشخاصی همچون یونس به‌سوی نینوا فرستاده شدند، اما به‌طور کلی مأموریت قوم اسرائیل حول محور «بودن» تعریف می‌شد نه «رفتن». از این‌رو، باید فرمانِ پس از قیام عیســـی به شـــاگردان را، مبنی بر رفتن

به‌سوی ملل دیگر، امری نوین و بی‌سابقه تلقی کرد. بلی رستاخیز مسیح طلوع عصر تازه‌ای را رقم می‌زد. بنابراین، مأموریت در عهدجدید امری عمدتاً «رو به بیرون» بود و گرایشی گریز از مرکز داشت و مرتب بسط می‌یافت. چنین رویکردی قطعاً با گسیل مردم همراه بود، همان‌گونه که کلیسای انطاکیه پولس و برنابا را فرستاد. اما در عهدعتیق، مأموریت بیشتر مرکز-محور بود و حرکت آن نه به سمت خارج بلکه رو به داخل بود.

> «نور بودن اسرائیل برای ملل دیگر خود دال بر این حقیقت است که این قوم‌ها هستند که باید به‌سوی اسرائیل آیند چرا که "نور" ماهیتاً امری جذاب است و دیگران را به‌سوی خود جذب می‌کند.» (اشعیا ۶۲:۱-۳)

حال اگر هدف را «بودن» تعریف کنیم نه «رفتن»، این «بودن» برای قوم اسرائیل دقیقاً به چه معناست؟ اینجاست که واژهٔ دوم در خروج ۶:۱۹ پاسخ ما را می‌دهد. آنها باید مقدس می‌بودند. اساساً مقدس بودن به‌معنای متفاوت و متمایز بودن است. خدا از قوم اسرائیل می‌خواست تا نمونه‌ای از حیات راستین برای همهٔ ملل باشد. جامعه‌ای که آشکارا به‌لحاظ اجتماعی، اقتصادی، سیاسی و مذهبی، حیات را به‌گونه‌ای دیگر تجربه می‌کند. در واقع، همان‌گونه که خدای قوم اسرائیل با خدایان ملل دیگر به‌لحاظ شخصیت اخلاقی متفاوت است، قوم اسرائیل نیز باید تفاوت‌های کیفی ملموسی با سایر ملل داشته باشد. پس مأموریت قوم اسرائیل نمایاندن شخصیت یهوه به سایر ملل است. مأموریت قوم اسرائیل آن است که همان‌گونه که خدا قدوس است، مقدس باشد و همان‌طور که خدا نور است، نور باشد.

اهمیت تمایز بارز قوم اسرائیل را می‌توان در محتوای احکام اعطاشده به‌خوبی درک کرد. برای نمونه:

> «به شیوهٔ سرزمین مصر که در آن ساکن بودید رفتار مکنید، و نه به شیوهٔ سرزمین کنعان که شما را بدان جا می‌برم. بر طبق فرایض

آنان گام مزنید. از قوانین من پیروی کنید و فرایض مرا نگاه داشته، در آنها گام بردارید. من یهوه خدای شما هستم.» (لاویان ۱۸:۳-۴)

«تمامی جماعت بنی‌اسرائیل را خطاب کرده، بدیشان بگو: مقدس باشید، زیرا من، یهوه خدای شما، قدوسم.» (لاویان ۱۹:۲)

«پس آنها را نگاه داشته، به جای آرید، زیرا این است حکمت و فهم شما در نظر قوم‌هایی که چون همهٔ این فرایض را بشنوند، خواهند گفت: "بدرستی این قوم بزرگ، مردمانی حکیم و فهیمند." زیرا کدام قوم بزرگ است که خدایشان نزدیک ایشان باشد آن‌گونه که یهوه، خدای ما است، هرگاه نزد او دعا می‌کنیم؟ و کدام قوم بزرگ است که دارای فرایض و قوانین عادلانه‌ای همچون این شریعت باشد که امروز من در برابر شما می‌نهم؟» (تثنیه ۴:۶-۸)

باری داستان خدا و اسرائیل با امیدهای فراوان و مقاصد نیکو آغاز شد. اسرائیلی‌یان دو بار یک‌صدا فریاد زدند «همهٔ سخنانی را که خداوند فرموده است، به‌جا خواهیم آورد (خروج ۲۴:۳و۷؛ تثنیه ۵:۲۷). ولی شوربختانه به عهد خود وفادار نماندند و صریحاً آنچه را که در نظر خداوند ناپسند بود، به‌جا آوردند. به جرأت می‌توان گفت که تمام تاریخ قوم اسرائیل که در کتب تاریخی یوشع، داوران، سموئیل و پادشاهان آمده، مملو از عصیان، نااطاعتی و ناکامی است. بسیار حزن‌انگیز است که وقتی به سرگذشت قوم اسرائیل نظر می‌کنیم، داستان سقوط بشر را در آن می‌بینیم. می‌توان گفت تاریخ قوم اسرائیل به‌جای آنکه پاسخی به مشکل گناه در باب‌های ۱-۱۱ پیدایش باشد، به‌طرز غم‌انگیزی تکرار و بازتاب آن است. برکت، وعده و فرمان که ریشه‌های پدیدآیی خلقت بودند جای خود را به گناه و عصیان دادند. قوم اسرائیل داستان آدم را تکرار می‌کند و همچون او پیامدی جز تبعید برای خود نمی‌بیند.

تاریخ قوم اسرائیل در نهایت به داوری و جلای وطن ختم می‌شود. حکومت شمالی اسرائیل در سال ۷۲۱ قبل از میلاد توسط امپراطوری

آشور منهدم می‌شود و مردم آواره و سرگردان می‌شوند. حکومت جنوبی نیز در سال ۵۸۷ قبل از میلاد توسط نبوکدنصر و ارتش بابل مورد تهاجم قرار می‌گیرد. آنها اورشلیم را محاصره و پس از تحمل رنجی طاقت‌فرسا در هم می‌کوبند. معبد اسرائیل سوزانده می‌شود و پادشاه وقت حکومت جنوبی به‌همراه بیشتر ساکنان یهودا به‌عنوان اسیر به تبعید می‌روند. تمام انبیای آن روزگار، این واقعه را به‌وضوح داوری خدا بر اسرائیل تعبیر می‌کردند.

ولی آیا این پایان ماجرای خدا و اسرائیل بود؟ آیا تاریخ اسرائیل به نقطهٔ آخر جمله رسید؟ آیا اسرائیل به ورطهٔ فراموشی تاریخی سقوط کرد و دیگر هرگز برنخاست؟ بسیاری از اسرائیلی‌یان همین باور را داشتند و غرق در ناامیدی شدند. اما نه خدا. قطعاً نسلی در اسرائیل به پایان رسید، ولی این امر به معنای پایان وعده و عهد خدا با قومش نبود. و نیز قطعاً این امر به معنای پایان مأموریت خدا با اسرائیل برای برکت دادن ملل قلمداد نمی‌شد.

پیش‌تر، نبوت‌های عالی اشعیا را دیدیم که مخاطب آنها اسیران در تبعید اسرائیلی‌اند و از امیدی فراتر از داوری سخن می‌گویند. بله خدا گناه را داوری کرد و اسرائیل پیامد سرپیچی خود را دید، اما زمان جزا به پایان می‌رسد و پیام «تسلی دهید، قوم مرا تسلی دهید» (اشعیا ۴۰:۱) جای آن را می‌گیرد. شایان ذکر است که هستهٔ پیام تسلی و اطمینان دوباره به قوم آن است که اسرائیل هنوز خادم خدا است. قوم اسرائیل هنوز برگزیده و خوانده‌شده همچون ابراهیم است. قوم اسرائیل مأموریت برکت بودن برای همهٔ ملل را از دست نداده است، مأموریتی که در آن همهٔ قبایل روی زمین جلال خدا را سرانجام نظاره خواهند کرد.

> اما تو ای اسرائیل، خادم من، و ای یعقوب، که تو را برگزیده‌ام، و ای نسل دوست من ابراهیم، من تو را از کرانهای زمین برگرفتم، و از دورترین نقاطش تو را فرا خواندم. به تو گفتم: «تو خادم من هستی؛ تو را برگزیده‌ام و رد نکرده‌ام»؛ پس ترسان مباش زیرا

> من با تو هستم، و هراسان مباش زیرا من خدای تو هستم. تو را تقویت خواهم کرد و یاری خواهم داد، و به دست راست عدالتِ خویش از تو حمایت خواهم نمود. (اشعیا ۴۱:۸-۱۰)

پس برای قوم خدا همچنان آینده‌ای وجود دارد. اما قوم اسرائیل چگونه می‌تواند این مأموریت را در تبعید به انجام رساند؟ شواهد می‌گوید قوم اسرائیل خادمی شکست خورده است. خادمی ناتوان و فاقد صلاحیت و غرق در گناه و عصیان. خادمی که تاریخ بر ناتوانی‌اش صحه می‌گذارد. این ارزیابی کاملاً واقع‌بینانه‌ای از وضعیت موجود قوم است. به آیات زیر که توصیفی دردناک از وضعیت اسرائیل در تبعید است توجه کنید:

> ای ناشنوایان، بشنوید! و ای نابینایان، بنگرید تا ببینید! کیست نابینا همچون خادم من، و کیست ناشنوا همچون پیام‌آور من که او را می‌فرستم؟ کیست که کور باشد مانند هم‌پیمان من، و نابینا همچون خادم خداوند؟ چیزهای بسیار می‌بینی، اما توجه نمی‌کنی؛ گوشهایت باز است، اما هیچ نمی‌شنوی! خداوند را به سبب عدالتش پسند آمد که شریعت خود را بزرگ داشته، تکریم نماید. اما اینان قومی به غنیمت برده شده و به تاراج رفته‌اند؛ جملگی در سیاهچالها در بند نهاده شده و در زندانها پنهانند. غنیمت گشته‌اند و کسی نیست که رهایی‌شان دهد، به تاراج رفته‌اند و کسی نمی‌گوید: «باز ده». (اشعیا ۴۲:۱۸-۲۲)

مأموریت خادم خدا. در این فضای حزن‌آور که سراسر خبر از شکست خدمت قوم اسرائیل به‌عنوان خادم خدا می‌دهد، با خبری نو روبه‌رو می‌شویم. خدا آغازی نو اعلان می‌کند. فردی جدید پا به صحنه می‌گذارد تا مأموریت ناتمام قوم اسرائیل را به سرانجام برساند. او به نمایندگی از قوم این مأموریت را بر عهده می‌گیرد. خدا او را «خادم من» یا «خدمتگزار خداوند» معرفی می‌کند. مأموریت این خادم یک بُعد جدید

نیز دارد و آن احیای اسرائیل نزد خدا است و بدین‌ترتیب هدف اولیهٔ خدا که همانا برکت دادن به تمام ملل است، تحقق می‌یابد. مأموریت این خادم جان بخشیدن به اسرائیل و سپس انتقال این حیات به همهٔ قبایل روی زمین است. به‌راستی تحقق این امر خطیر تنها از جانب این خادم منحصربه‌فرد بر می‌آید.

ما در کتاب اشعیا شاهد نبوت پیرامون بازگشت اسرا به سرزمین اسرائیل هستیم و این امر به‌طرز حیرت‌انگیزی توسط کوروش پادشاه پارس با آزاد کردن اسرای یهود رخ می‌دهد (اشعیا ۲۸:۴۴). این امر در سال ۵۳۸ قبل از میلاد، پس از فتح بابل توسط کوروش و صدور فرمان آزادی اقلیت‌های قومیِ اسیر، از جمله یهودیان، اتفاق افتاد (دوم تواریخ ۲۲:۳۶-۲۳ و عزرا ۱:۱-۴). اما شرایط سیاسی قوم اسرائیل یک چیز است و شرایط روحانی و هدف طولانی‌مدت خدا به‌واسطهٔ آنها چیز دیگر. کوروش قوم اسرائیل را به اورشلیم بازمی‌گرداند اما فقط خادم خدا است که می‌توانست اسرائیل را نزد خدا بازگرداند. کوروش امکان احیای هویت ملی قوم اسرائیل را که سرمایهٔ هر ملتی است، فراهم می‌کند. اما فقط «خادم خدا است» که مأموریت منحصربه‌فرد قوم اسرائیل را که همانا نور بودن برای ملل است به کمال می‌رساند. از طریق این خادم نجات خدا به اقصا نقاط جهان می‌رسد.

از این‌رو بس ضروری است که با دقت، نگاهی دقیق به این خادم در نبوت‌های اشعیا بیندازیم و همه‌جانبه این خادم مسح‌شده را از نظر بگذرانیم. زیرا تنها در او می‌توان سرنخ‌های بسیار مهم و حیاتی جهت شناخت روح‌القدس را در عهدعتیق یافت، چون خدا روح خود را به این خادم به فراوانی ارزانی داشته است. پس با نگاهی نزدیک به او می‌توان کار روح خدا را به عمیق‌ترین و متحول‌کننده‌ترین شکل ممکن دریافت.

این خادم به‌عنوان یک فرد برای اولین بار در اشعیا ۱:۴۲-۷ معرفی می‌شود (این امر تمایز او را با اسرائیل که بار جمعی داشت مشخص می‌کند. اشاره به اسرائیل به‌عنوان خادم در اشعیا ۸:۴۱ آمده است). بلافاصله پس از معرفی این خادم، متن به قرار گرفتن روح خدا بر او

اشاره می‌کند و این‌چنین مأموریت الهی به‌انجام می‌رسد. از این‌رو نشان اصلی و وجه ممیزهٔ این خادم برخورداری از مســح و قدرت روح یهوه است. همان روحی که بر داوران و پادشاهانی همچون داوود قرارداشت. خدا از طریق هر آنچه که این خادم انجام می‌دهد عمل می‌کند. مأموریت این خادم از جانب خدا اِعطا شــده اســت. پس هر آنچه انجام می‌دهد، عمل خدا به‌واسطهٔ این خادم اســت. در واقع، مسح شدن توسط روح، تعهد همه‌جانبه به اجرای اراده و هدف خدا است. چنانکه دیدیم بسیاری از داوران و پادشــاهان تاریخ اسرائیل چشــم از هدف الهی برداشتند و خواست خود را به‌انجام رســاندند و نتایج مخربی به‌بار آوردند. اما این خادم مسح‌شــده به‌کمال مطیع خدا است و با مدد روح خدا مقاصد الهی را به‌انجام می‌رساند. اما این مقاصد چیستند؟

با نگاه به اشــعیا ۴۲:۱-۷ به چهار بُعد مهــم در مأموریت این خادم مسح‌شده از روح می‌رسیم. هریک از این ابعاد شایستهٔ بررسی در فصلی جداگانه‌اند زیرا موضوعات کلانی در کتاب‌مقدس محســوب می‌شوند. اما ناچاریم به اختصار به آنها بپردازیم.

۱. عدالت (اشعیا ۴۲:۱و۳و۴)

در این متن به واژهٔ عدالت بیش از همه، و ســه بار اشــاره می‌شود. مأموریت خادم فراتر از هر چیــز دیگر، مأموریتی برای برقراری عدالت اســت. در عهدعتیق اجرای عدالت به معنی سامان دادن امور به‌گونه‌ای اســت که هر چیزی سر جایش باشد. این امر شــامل پایان بخشیدن به شــرایط نادرست و غیرمنصفانه اســت. شــرایطی که در آن استثمار و بهره‌کشی با توســل به خشــونت رخ می‌دهد. برقراری عدالت در این وضعیت با احیای قربانیان این شرایط پیوند می‌خورد. در اینجاست که ما پیرامون «حقوق بشر» سخن می‌گوییم. خدا می‌گوید که عملکرد خادمش در نهایت عدالت را برای همهٔ ملل به ارمغان می‌آورد. در نتیجه مأموریت این خــادم در صحنهٔ عمومی رخ می‌دهد و گســترهٔای بین‌المللی دارد. خدمت این خادم فقط درست کردن رابطهٔ مردم با خدا نیست. خدمت او

تنها به احیای قوم اسرائیل نیز ختم نمی‌شود. متن به‌وضوح از دستاوردی جامع و جهانی در برقراری عدالت الهی بر زمین سخن می‌گوید.

۲. شفقت (اشعیا ۴۲:۲-۳)

اشـعیا ۴۲:۲-۳ در تضادی آشـکار با نحوهٔ پادشـاهی کوروش در باب ۴۱ قرار می‌گیرد. کوروش با در هم کوفتن ملل دیگر قلمرو خود را گسترش می‌دهد. اما خادم خدا روش دیگری در پیش می‌گیرد، گرچه به همان اندازه موفق اسـت. خادم خدا بدون توسل به خشونت و غوغا به هدف خود می‌رسـد. ارادهٔ او برقراری عدالت همراه با ملایمت است و قدرت برایش در اعمال دلسوزانه و شفقت تعریف می‌شود. خدا او را با روحش پر می‌کند تا بتواند ضُعفا و آسـیب‌دیدگان را با محبت نوازشگر خدا احیا کند. بلی مأموریت خادم موفقیت‌آمیز اسـت ولی نه با توسل به روش‌های قهرآمیز. او به قیمت حذف فقرا به پیروزی نمی‌رسد بلکه آنها را احیا می‌کند زیرا عدالتش سرشار از شفقت است.

۳. روشنگری (اشعیا ۴۲:۷)

خادم خدا نور و بصیرت برای سـاکنان دیــار تاریکی و نابینایان آن قلمرو به ارمغان می‌آورد. این نور بصیرت‌بخش، نخســت قوم اسرائیل را که در تاریکی تبعید، نابینا شـده اسـت در بر می‌گیرد. اما در پهنه‌ایی وســیع‌تر و در پرتو مأموریت جهان‌شمول خادم، این نور به همهٔ ساکنان جهان تاریک‌شده در گناه، روشـنایی می‌بخشد. در واقع، این نور همان کشف محبت نجات‌بخش خدا است.

۴. رهایی (اشعیا ۴۲:۷)

واضح است که اگر به اسیران بابل خبر می‌دادند که به‌زودی در زندان باز می‌شـود و آزاد می‌گردند، موجی از شـادی زایدالوصف همهٔ آنها را در بر می‌گرفت. اما این گفتار تنها به اســیران بابل تعلق ندارد، بلکه پیام آزادی خدا برای همهٔ نســل بشر اســت که به طرق مختلف زیر ظلم و

بردگی به‌سر می‌برند. خدمت این خادم، رهایی بشر از گناه و طغیانی است که ریشهٔ همهٔ دردهای انسان است.

در واقع، خدمت این خادم در هریک از این ابعاد، برای اسیران بابل طلیعه‌دار امید و آینده‌ای روشن بود. اما چنانکه دیدیم گسترهٔ خدمت این خادم فراتر از قوم اسرائیل می‌رود و همهٔ ملل را شامل می‌شود. این خادم عدالت خدا را برای همهٔ ملل به ارمغان می‌آورد و این یادآور برکت خدا به ابراهیم و متعاقب آن مأموریت ویژهٔ قوم اسرائیل بود.

بررسی مأموریت خاص خادم خدا را در اشعیا ۴۹:۱-۶ پی می‌گیریم. در این بخش خادم، ابتکار عمل را در دست می‌گیرد و با ملل سخن می‌گوید. این خادم شرح می‌دهد که خداوند چگونه این مأموریت را به او بخشیده است. مأموریت خادم از دو بخش اساسی تشکیل می‌شود. حال بیایید اول به متن نگاه کنیم.

> ای سرزمین‌های ساحلی، به من گوش فرا دهید! ای قوم‌های دور دست، توجه کنید! خداوند مرا از رَحِم فرا خواند، و از بطن مادرم مرا به‌نام صدا زد. مرا گفت: «تو خادم من هستی، اسرائیل، که در او جلال خود را نمایان خواهم ساخت.» اما من گفتم: «بیهوده محنت کشیده‌ام و قوت خویش به باطل و عبث صرف کرده‌ام؛ اما به یقین حقِ من با خداوند است، و پاداش من، با خدای من.» و حال، خداوند چنین می‌فرماید، همان که مرا از رَحِم برای خدمت خویش بسرشت، تا یعقوب را به نزدش باز آورم، و اسرائیل را گرد او جمع کنم، زیرا که در نظر خداوند محترم هستم، و خدای من قوت من است. آری، او چنین می‌فرماید: «سهل است که خادم من باشی، تا قبایل یعقوب را بر پا بداری، و اسرائیلی‌یانی را که محفوظ داشته‌ام، باز آوری؛ بلکه تو را نوری برای ملت‌ها خواهم ساخت تا نجات مرا به کرانهای زمین برسانی.» (اشعیا ۴۹:۱و۳-۶)

باید به تغییری که بین آیات ۵ و ۶ صورت می‌گیرد توجه کنید. در آیهٔ ۵ مأموریت خادم احیای قوم اسرائیل است، اما خدا مأموریت

خادم را تنها به بازگرداندن قوم اسرائیل خلاصه نمی‌کند بلکه خدمتی دیگر به آن می‌افزاید که همانا هدف درازمدت خادم است. او نجات خدا را تا اقصای جهان می‌برد. متن به‌وضوح می‌گوید که خدمت خادم حول دو بازگشت می‌گردد. اول احیا و نجات قوم اسرائیل و دوم احیا و نجات همهٔ ملل جهان. خدمت خادم به جهان، جایگزین خدمت او به قوم اسرائیل نیست، بلکه همراه و علاوه بر خدمت او به این قوم است. خدمت به ملل در امتداد خدمت به قوم اسرائیل صورت می‌گیرد و حالت بسط یافتهٔ احیای این قوم است و هرگز جای آن را نمی‌گیرد. پس خادم مأموریتی برای احیای قوم اسرائیل دارد ولی با این‌حال مأموریت عقیم‌ماندهٔ اسرائیل مبنی بر نجات همهٔ ملل را نیز پی می‌گیرد و بدین‌سان با تعهدی همه‌جانبه نسبت به خدا، برکت نجات را به همهٔ ملل می‌بخشد.

اما چنین مأموریتی ارزان به انجام نمی‌رسد و بس پرهزینه است. اشعیا ۴:۴۹ به‌وضوح از تقلا و استیصال خادم سخن می‌گوید. بار دیگری که خادم سخن می‌گوید از طردشدگی، حقارت و بدرفتاری جسمانی دیگران نسبت به خودش می‌گوید (اشعیا ۶:۵۰). در نقطهٔ اوج روایت خادم، در اشعیا ۵۲:۱۳-۵۳:۱۲ توضیح می‌دهد که خادم چگونه رنج خواهد برد و نهایتاً ناعادلانه و با خشونتی عظیم اعدام خواهد شد. با این‌حال خدا از طریق مرگ فداکارانهٔ این خادم، نجات را برای همگان میسر می‌سازد. زیرا خدا گناه همهٔ ما را بر این خادم نهاد و مرگ او بسیاری را پارسا ساخت. اشعیای نبی می‌گوید که ارادهٔ خدا به‌دست وی به انجام رسید، اما بهای آن تقدیم جانش بود. بله خادم با پرداخت سنگین‌ترین بها، پیروزی را تجربه کرد و حقانیت خود را از جانب خدا به‌دست آورد و در نهایت نیز جلال یافت.

> «اینک خادم من کامیاب خواهد شد و به جایگاهی بس والا و رفیع رسیده، سرافراز خواهد گردید. حال آنکه به سبب نافرمانی‌های ما بدنش سوراخ شد، و به جهت تقصیرهای ما لِه گشت؛ تأدیبی که ما را سلامتی بخشید بر او آمد، و به زخم‌های

او ما شـفا می‌یابیم. همهٔ ما چون گوسفندان، گمراه شده بودیم، و هریک از ما به راه خود رفته بود، اما خداوند تقصیر جمیع ما را بر وی نهاد. ثمرهٔ مشــقت جان خویش را خواهد دید و سیر خواهد شـد. خادم پارسای من به معرفت خود سببِ پارسا شمرده شدنِ بسیاری خواهد گشت، زیرا گناهان ایشان را بر خویشتن حمل خواهد کرد.» (اشعیا ۵۲:۱۳و۵۳:۵-۶وآیهٔ ۱۱)

و ســرانجام در اشــعیا ۶۱:۱-۲ باز به احتمال زیاد با ســخنان خادم روبه‌رو می‌شــویم. محتوای گفتاری این بخش طنین اشعیا ۴۲ را تداعی می‌کند. «این اســت خادم من»، «این اســت آنچه کــه از طریق او انجام می‌دهم» «روح خدا مرا برای اجرای این امور مسح کرده است.»

«روح خداوندگار یهوه بر من است، زیرا که خداوند مرا مسح کرده اســت تا فقیران را بشارت دهم؛ او مرا فرستاده تا دلشکستگان را التیام بخشم، و آزادی را به اسیران و رهایی را به محبوسان اعلام کنم؛ تا سال لطف خداوند را اعلام نمایم، و از روز انتقام خدایمان خبر دهم؛ تا همهٔ ماتمیان را تسلی بخشم.» (اشعیا ۶۱:۱-۲)

دقت کردید که باز خدمت خادم با مســح روح خدا پیوند می‌خورد. این مســح به خادم مأموریتی چندجانبه می‌دهد. کلماتی که در این متن می‌بینیم تقریباً همان واژگانی اســت که مسیح در کنیسه‌ای در ناصره در صبح شبات بیان کرد.

اما پیش از آن که زمان را با دور ســریع طی کنیم و به مســیح برسیم، بیاییــد آنچه را تاکنون یافته‌ایــم مرور کنیم. در ابتــدا مأموریت خدا را دیدیــم که همانا برکت دادن به همهٔ ملل روی زمین بود. ســپس نگاهی به مأموریت قوم اســرائیل کردیم. آنان می‌بایســت مجرای انتقال برکت الهــی مطابق وعدهٔ خدا به ابراهیم به همهٔ ملــل می‌بودند. اما با توجه به شکست قوم اسرائیل در پیش بردن اهداف الهی، مأموریت دوگانهٔ خادم خدا را دیدیم که بر احیای اســرائیل و به ارمغان آوردن عدالت، شفقت،

روشنگری و رهایی برای همهٔ ملل تمرکز داشت. همهٔ این مطالب در ایام تبعید اسرائیل در قالب پیام‌های نبوتی بیان شد.

باری، ایام تبعید اسرائیل در سال ۵۳۸ قبل از میلاد، به پایان رسید. بسیاری از یهودیان، اما نه همه، از بابل به سرزمین یهودیه و اورشلیم بازگشتند. آنها اورشلیم و معبد را بازسازی کردند. اما قرن‌ها گذشت و اسرائیل هنوز زیر چکمه‌های ستم زورگویانهٔ ملل به‌سر می‌برد. ابتدا پارسیان، سپس یونانیان و در نهایت رومیان. با آن که در سرزمین خود به‌سر می‌بردند، اما تبعید هنوز ادامه داشت. قلب و روح یهودیان از چنگال اسارت رها نشده بود. آنان هنوز احساس می‌کردند بخشیده نشده‌اند، احساس آزادی نداشتند و برعکس خود را زیر ظلم و جور می‌دیدند، گویی هنوز در تبعید به‌سر می‌بردند. پس هنوز تمنای عمیق نجات و رهایی واقعی داشتند. آنها این نبوت‌ها را مورد بازنگری قرار دادند و تحقق آنها را به‌شکلی ناقص می‌دیدند. بله، نبوت‌های دوران تبعید، وعده‌های بسیار بیشتری در قیاس با صرفاً خروج جغرافیایی از بابل و بازگشت به سرزمین مادری می‌دادند. این نبوت‌ها نوید رخ‌دادن اموری بس عظیم‌تر و با شکوه‌تر از آنچه تا به‌حال تجربه کرده بودند، می‌دادند. پس هنوز با امید بسیار چشم به راه آمدن آن خادم بودند تا وعدهٔ رهایی خدا را به کمال تحقق بخشد. آنان مشتاق ظهور مسح‌شدهٔ خدا بودند. او که روح خدا بر او قرار می‌گرفت. او که پادشاهی بی‌وقفهٔ خدا را برای مشتاقان به ارمغان می‌آورد و به سلطهٔ دشمنان پایان می‌داد.

مسح و مأموریت عیسای مسیح

در بامداد روز شبات در کنیسه‌ای خاک‌گرفته، در شهر حقیر ناصره، در استان جلیل، که به‌لحاظ تاریخی مطرح نبود، جوانی سی ساله از همان دیار، طومار انبیا را بر حسب نوبت قرائت می‌کند. عیسی، اشعیا ۶۱:۱-۲ را که عصارهٔ مأموریت و خدمت خادم مورد نظر خدا است می‌خواند و سپس در جای خود می‌نشیند. در آن روزگار پس از قرائت و توضیح

کتب مقدس، سـر جای خود می‌نشستند. مردم انتظار داشتند عیسی توضیحی پیرامون متن ارائه دهد، شرحی آشنا از اشعیا که همیشه آن را شنیده بودند. شرحی صریح که بازتاب تمنای تاریخی قوم اسرائیل بود. قومی که با درد و رنج بسیار با شکیبایی انتظار تحقق وعدهٔ خدا را می‌کشید. متن اشعیا همچون جاری شدن آب بر کویر خشک وجود قوم اسرائیل بود. «آنچه قرائت شد همانا وعدهٔ خدا برای ما بود.» مخاطبان انتظار داشتند که عیسی هم بر این حقایق که همانا انتظار تاریخی قوم اسرائیل بود صِحِه بگذارد. اشعیا ۶۱:۱-۲، امید و دعای قوم اسرائیل بود. این همان خادمی است که به قوت روح خدا همچون داوران تاریخ اسرائیل برای رهایی ما خواهد آمد. آنها امید داشتند او هرچه زودتر ظهور کند، حتی همین فردا. این اوج انتظار مخاطبان بود.

اما عیسی پیش‌فرض‌های دیرین مخاطبانش را در هم می‌شکند و با سخنانش آنها را شوکه می‌کند. «امروز»، سپس به آرامی ادامه می‌دهد، «امروز این نوشته هنگامی که بدان گوش فرا می‌دادید، جامهٔ عمل پوشید.» عیسی متن نبوت اشعیا را به‌خود اِطلاق می‌کند. او تجسم وعظ اشعیاست. از این‌رو، مأموریت خدا، مأموریت قوم اسرائیل و مأموریت خادم، همگی در او جمع می‌شوند. مردم بهت‌زده با شنیدن صدای عیسی که خود را تبلور نبوت‌های اشعیا می‌دید، دیگر تنها به متنی کهن از طوماری غبارگرفته گوش نمی‌دادند. آنها دیگر صرفاً وعده‌ای را پیرامون خادمی که قرن‌ها انتظار آمدنش را می‌کشیدند، نمی‌شنیدند، بلکه در کمال ناباوری، تحقق وعده را در سیمای مسیح نظاره می‌کردند. حال وعده در صدایی بس آشنا و به‌واسطهٔ جوانی در دیار خودشان و در کنیسه‌ای محلی، بیان می‌شد. عیسی پسر یوسف که پیشه‌اش نجاری است با شهامت اعلان می‌کند، «روح خداوند بر من است، خداوند مرا مسح کرده است.»

مسیح در این متن، بیانیهٔ خدمتی خود را اعلان می‌کند و از پیش به سؤالاتی که پیرامون ماهیت مأموریت اوست پاسخ می‌دهد. سؤالاتی از قبیل «تو کیستی؟ در پی انجام چه هستی؟ چرا بدین شکل خود را معرفی کردی؟ و چرا پیشهٔ پدرت را ادامه نمی‌دی؟ با چه قدرتی این مأموریت را

به سرانجام می‌رسانی؟» و پاسخ عیسی این است: «روح خدا همانا عمل مستقیم خدا در من، مرا برای تحقق این مأموریت مسح کرده است و متن اشعیا مسیر خدمتی مرا به‌روشنی ترسیم می‌کند.»

اما در زندگی و خدمات عیسای مسح‌شده با روح خدا، چه می‌توان یافت؟ چنانکه دیدیم، چهار ویژگی بارز خادم مسح‌شدهٔ خدا در عهدعتیق در نبوت‌های اشعیا، همگی در خدمت عیسی گرد هم آمدند.

اول *عدالت*، که به‌طور ضمنی در اشاره به پادشاهی خدا در گفتارش دیده می‌شود. عبارت پادشاهی خدا برای همهٔ هم‌عصران عیسی مفهوم برقراری عدالت برای همهٔ جهان را تداعی می‌کرد. عدالت، به معنای به‌سامان کردنِ امور نابه‌سامان، دقیقاً همان کاری بود که مسیح در تعالیم و سخنانش، تحقق آن را وعده داده بود. برقراری عدالت برخلاف انتظار برخی از پیروان مسیح با توسل به انقلابی خشونت‌آمیز به‌انجام نمی‌رسید و به یک‌باره نیز متحقق نمی‌شد. مسیح به‌وضوح مشخص کرده بود که پادشاهی خدا همچون دانه‌ای است که به آرامی و در خفا رشد می‌کند یا به‌سان خمیرمایه‌ای است که به‌تدریج تمام خمیر را وَر می‌آورد. این مطالب، حقایقی زیربنایی در تعلیم عیسی به شاگردانش به‌شمار می‌رفت. «خوشابه‌حال گرسنگان و تشنگانِ عدالت»، همچنین فرمود: «اول پادشاهی خدا و عدالت او را جستجو کنید.» (متی ۶:۵و۶:۳۳)

دوم *شفقت*، عیسی به عمد در پی احیای مطرودین و به‌حاشیه‌راندگان جامعهٔ خود بود. مریضان، کودکان، زنان، گناهکاران، خراج‌گیران (این دو قشر آخر به‌لحاظ اخلاقی و سیاسی زیر سؤال بودند) و غیریهودیان همگی در اُفق توجه و خدمت او بودند. مسیح حتی معروف شده بود به کسی که «دوست گناهکاران» است. البته این عبارت بار توهین و شماتت داشت. اما مسیح آن را به‌مثابه تعریف و تحسین می‌پنداشت زیرا دقیقاً هدف از خدمتش را آشکار می‌کرد.

سوم *روشنگری*، این امر در تعالیم بی‌وقفهٔ او جلوه‌گر می‌شود. مسیح بی‌شک چشمان کوران را می‌گشود اما در پهنه‌ای وسیع‌تر، چشمان کورانِ روحانی را به حقیقت خدا باز می‌کرد. تعالیم او به مردم بصیرتِ درک

گناه، داوری و بخشش الهی را می‌بخشید. مسیح با گفتار خود، امکان درک نقشهٔ خدا و داستان قوم اسرائیل را به مخاطبانش می‌داد. تعالیم مسیح به دیگران می‌آموخت که چگونه مطابق پادشاهی خدا زندگی کنند.

و سرانجام، *رهایی*، بخش آخر زیربنای خدمتش را شکل می‌داد. مسیح آمده بود تا آزادی را به اسیران هدیه دهد. آزادی و رهایی از بیماری، اسارت‌های فلج‌کننده، بار گناه، سلطهٔ نیروهای شیطانی، زندان بی‌پایانِ پشیمانی و نیز مذهبی که بیشتر بار غربت و بیگانگی از خدا را تداعی می‌کرد. مسیح خود گفت که آمده‌ام تا «به بهای جانم، عده بسیاری را رهایی بخشم» و این‌گونه آزادی واقعی را برای گناهکاران به ارمغان آورم.

اناجیل به ما می‌گویند که عیسی نه تنها هدف خادم موعود اشعیا را به‌انجام رساند، بلکه سرنوشت غم‌انگیز او را نیز به تمامی مطابق نبوت‌های اشعیا پذیرفت. سرنوشتی که رنج، حقارت، طردشدگی، محکوم‌شدن در یک بیدادگاه و مرگی خونبار عناصر آن را تشکیل می‌داد. مسیح در پذیرش این سرنوشت، بی‌عدالتی تمام‌عیار، بی‌رحمی، اسارت و کوری بشر را بر خود گرفت. او عصیان ناشی ازگناه انسان را بر خود حمل نمود. مسیح بر صلیب رفت و صلیب بهای اجرای عدالت، شفقت، بصیرت و معیار رهایی ماست. در صلیب مأموریت خادم رنجبر به کمال به اجرا می‌رسد. اما داستان از روز شبات در ناصره و با قرائت متن اشعیای نبی آغاز شد. آن هنگام که مردم از ادعاهای عیسی رنجیدند. از اینکه عیسی بین طرد شدنش از جانب آنها و برکتی که خدا بر غیریهودیان در عهدعتیق افاضه کرده بود (بیوه‌زن اهل صَرفَه و نَعَمان سُریانی دو نمونهٔ بارز از این مردم بودند)، تقابلی علیه یهودیان ترسیم کرد، به خشم آمدند. آنها در پی آن بودند که او را به دام بیندازند.

مسح و مأموریت کلیسا

سرانجام به بخش پایانی مبحث خود رسیدیم. ما به‌عنوان پیروان مسیح بر این باوریم که از همان روح نوشانده شده‌ایم. قصد ما در اینجا

بیان ادعایی تکبرآمیز نیست، زیرا عهدجدید پری روح خدا را برای پیروان مسیح وعده می‌دهد. اما اگر این‌گونه است، حضور روح‌القدس چه تأثیری بر زندگی و خدمت ما می‌گذارد؟

برای درک بهتر معنا باز باید از خود بپرسیم که مسح به چه معناست؟ واژهٔ "مسح" در برخی از گروه‌های مسیحی بسیار به‌کار می‌رود، اما می‌تواند به‌راحتی مورد سوءتفاهم قرار گیرد. از این‌رو، باید کامل‌تر دربارهٔ معنای مسح روح‌القدس سخن گوییم، زیرا گاه معنای آن می‌تواند تنها به برخورداری از شخصیتی نیرومند و یا مهارت‌های شایان توجه خدمتی و سخنوری محدود شود. حتی برای برخی از واعظان، "مسح" گاه مساوی با موعظه‌ای بسیار پر سر و صداست. گویی شدت سر و صدا معرف "قوت مسح" شخص است. اما همین نکته در تضاد با خادم رنجبرِ اشعیا قرار می‌گیرد. زیرا این خادم، هدف الهی را بدون فریاد و شنواندن صدایش در کوچه‌ها پیش می‌برد. به یاد دارم که وقتی در کشور اوگاندا، سلسله پیام‌هایی در مورد شرح کتاب‌مقدس داشتم، فردی نقطه‌نظری دربارهٔ موعظه‌ام داشت که آن را همیشه به یاد خواهم داشت. او چنین نقطه‌نظرش را مرقوم داشت: «می‌توانم جریان شیرین حرکت روح خدا را حس کنم بدون آنکه فریادی بشنوم.» این نکته، درسی برایم داشت، اینکه بدون بالا بردن صدا و جست و خیز نیز می‌توان از روح خدا سخن گفت، و روح‌القدس نیازی به تظاهرات کلامی و بدنی من ندارد. بله، "مسح" ربطی به شدت صدای ما ندارد و حتی شنوندگان‌مان نیز قادر به تشخیص این امر هستند.

چنانکه به‌وضوح در کتاب‌مقدس می‌بینیم، "مسح" در درجهٔ اول، امری خارجی و نمایشی نیست که نیاز به داد و فریاد برای اثباتش باشد (اگرچه روح‌القدس می‌تواند سر و صدای زیادی به پا کند، همان‌گونه که در روز پنطیکاست دیدیم). مسح روحانی به بیانی دقیق‌تر تجهیز شدن برای اجرای مأموریت الهی است و تعهدی برای خدمت است. مسحی که روح خدا می‌بخشد، ما را توانا می‌سازد تا آنچه خدا از ما می‌خواهد، انجام دهیم. مسح، نیرو بخشیدن برای انجام ارادهٔ مکشوف خدا در

کتاب‌مقدس است. مأموریت ما، اجرای ارادهٔ خدا به‌شکل مسیح‌گونه است. باید همچون او از روح خدا پر شویم تا خدمت ما انعکاسی از خدمت او باشد.

اما بدون شک مسیح فردی استثنایی بود. زندگی‌اش بی‌همتا و خدمتش یگانه نمونهٔ اَعلای اطاعت از خدا بود. مرگ مسیح نیز منحصربه‌فرد بود زیرا او یگانه تجسم کامل حیات خدا در بشر بود. تنها او خدای کامل و انسان کامل بود. از این‌رو، او تنها کسی است که می‌تواند گناه را بر خود بگیرد زیرا در او «خدا جهان را با خود آشتی می‌داد.» هیچ‌کس دیگری قادر به تکرار آنچه پسر خدا، خادم خدا، به قوت روح خدا انجام داد، نیست. در همهٔ این امور مسیح به‌طرزی بی‌همتا و به‌طور کامل مأموریت خدا را برای نجات جهان انجام داد.

اما به یک معنای دیگر، عیسی مأموریت خود را به شاگردانش نیز سپرد. مسیح قیام‌کرده فرمانروایی جهان‌شمول خود را اساس دستور خود به شاگردان قرار داد تا نزد همهٔ ملل بروند و شاگردانی مطیع تربیت کنند (متی ۱۸:۱۸–۲۰). برای تحقق این امر نیز شاگردانش را با روح‌القدس قوت بخشید. (لوقا ۴۵:۲۴)

> «اما چون روح‌القدس بر شما آید، قدرت خواهید یافت و شاهدان من خواهید بود، در اورشلیم و تمامی یهودیه و سامِره و تا دورترین نقاط جهان.» (اعمال رسولان ۸:۱)

پس عیسی کار خود را به ما محول می‌کند. او مأموریت خدا برای برکت دادنِ همهٔ ملل روی زمین را به ما می‌بخشد. عیسی مأموریت قوم اسرائیل را که همانا انتقال برکت و نور هدایت بود، به ما تفویض می‌کند. مسیح مأموریت خادم برای آوردن نجات به اقصای جهان را به ما می‌دهد. و در نهایت مأموریت خود را برای موعظهٔ توبه و آمرزش گناهان به‌نام او، به ما می‌سپارد. در واقع، کلیسا هم‌اکنون وارث و عامل تمامی ابعاد این مأموریت بزرگی است که در کتاب‌مقدس ترسیم می‌شود. کلیسا به‌ویژه این مأموریت را در سیمای یک خادم انجام می‌دهد.

پولـــس نیز خدمت و مأموریت خود را از این منظر می‌دید. دعوت او آن بود که رســـول امت‌ها (غیریهودیان) باشد. او خود را متعهد به انجام مأموریتی همچون خادم مسح‌شدهٔ خدا دید. از این‌رو، در رومیان ۱۵:۸-۹ در توصیف ماشـــیح (مســـیح)، او را همان خادم وصف‌شـــده در اشعیا معرفی می‌کند تا انجیل بتواند به‌دســـت همهٔ ملل برســـد. همچنین، در اعمال رســـولان ۱۳:۴۷ صریحاً متن اشعیا را نقل‌قول می‌کند و خدمت و مسئولیت خادم مذکور در اشعیا را به خود و شمار اندکی از دیگر خادمین کلیساهای تازه‌تأسیس نسبت می‌دهد.

بنابراین، ما هم‌راستا با پولس درمی‌یابیم که مأموریت خادم مسح‌شده از روح در قبـــال ملت‌ها، تبدیل به مأموریت ما نیز می‌شـــود. از این‌رو، ما نیز می‌باید همچون خادم توصیف‌شـــده در اشعیا، مأموریتی همه‌جانبه را پیـــش گیریم و از تقلیل‌گرایی بپرهیزیم؛ مأموریتی که در اشـــعیا ۴۲ و ۶۱ و همچنین لوقا ۴ ترسیم شده اســـت. واضح است که عیسی در ایام حیات خدمت خود بر زمین، مأموریت خادم را در برقراری عدالت و به ارمغان آوردنِ نجات و روشـــنگری تا اقصای جهان تماماً «کامل» نکرد. اما اکنون تکمیل این طرح بر عهدهٔ ماست. مأموریتی کل‌گرایانه که در آن نقشهٔ خدا در همهٔ ابعاد فیزیکی، روحانی، تاریخی، اجتماعی و شخصی به‌جلو می‌رود و هیچ عرصه‌ای از حیات بشـــر در دریافت این نجات از قلم نمی‌اُفتد. زیرا خبر خوش انجیل متعلق به همهٔ این ابعاد است و باید به همه برسد تا بدان‌ها جان بخشد.

کلیســـا نیز به‌لحاظ تاریخـــی، مأموریت خود را در همـــهٔ این ابعاد تعریف می‌کرد. نباید بین وظیفهٔ انتشار انجیل و انجام خدمات اجتماعی فاصله‌ای ایجاد شـــود، چنان که گویی این‌دو، عرصه‌هایی مجزا هستند. در واقع، انجیل باید هم در قول و هم در فعل، تجلی یابد. اساســـاً انجیل، حاصل جمع یا مجموعهٔ همهٔ اخبار خوبی اســـت که در انبان خدا برای خنثی کردن همهٔ اخبار بد حیات بشـــری وجـــود دارد. خبر خوش الهی همهٔ عرصه‌های حیات بشـــر را در بر می‌گیرد. بنابراین، مأموریت اصیل مســـیحی با الهام از خدمت مسیح، رساندن خبر خوش به فقرا، نمایاندن

شـــفقت به رنج‌دیدگان و مریضان، برقراری عدالت برای ستم‌دیدگان و رهایی و نجات برای اســیران است. انجیلی که خادم خدا در اشعیا آن را موعظه می‌کند با قوت روح خدا به همهٔ قلمروهای نیاز بشر نفوذ می‌کند و هر حیطه‌ای از حیات انســان را که به‌خاطر گناه و شر آسیب دیده شفا می‌بخشد. و صلیب مسیح قلب انجیل در همهٔ این قلمروها است.

نتیجه‌گیری

مأموریت مسح‌شــده چگونه مأموریتی اســت؟ اگر این مأموریت با روح خدا مســح شــده اســت، پس باید همان مختصاتی را داشته باشد که عهدعتیق از آن ســخن می‌گوید: «روح خداوند بر من است، زیرا که خداوند مرا مسح کرده اســت تا...» اگر این مأموریت را باید مسیح‌گونه انجام داد، پس باید با شــناخت عمل روح‌القدس در عهدعتیق آن را اجرا کرد، زیرا مسیح عمیقاً با این عمل آشنایی داشت.

مدت‌ها اصطلاحی در میان مســیحیان برای الهام گرفتن از مسیح در رویارویی با مســائل زندگی رایج شده بود: «اگر عیسی بود چه می‌کرد؟» با این مضمون که اگر عیسی جای من بود و با این بحران روبه‌رو می‌شد، چــه اقدامی می‌کرد؟ بر این بــاورم که اگر از انجیل لوقــا الهام بگیریم، می‌توانیم این عبارت را به «عیســی چه کرد؟» تغییر دهیم. زیرا با دیدن و درک کردن آنچه مسیح انجام داد، دیگر نیازی به تخیل‌پردازی برای درک ارادهٔ او برای زمان حال نیست.

همان‌گونه که لوقا به کرّات اذعان می‌دارد، مسیح پیوسته از روح خدا پر می‌شود. سپس با فقیران و به حاشیه‌راندگان جامعه نشست و برخاست می‌کنــد، گرســنگان را خوراک می‌دهــد، با کودکان ســخن می‌گوید، داغ‌دیدگان را تســلی می‌بخشد، جماعت‌ها را تعلیم می‌دهد، طردشدگان را احیا می‌کنــد، دیوزدگان را رهایی می‌بخشــد، ثروتمندان و صاحبان قدرت را به چالش می‌کشــد، آمرزش را به گناهــکاران اعلام می‌کند و بدن‌های مریض و روابط آســیب‌دیده را شــفا می‌بخشد. بله، عیسی در

همهٔ این امور، آمدن پادشاهی خدا را هم‌اکنون و هم اینجا اعلام می‌کند و می‌گوید که کمال آن به‌زودی رخ می‌دهد. اما از یاد نبریم که همهٔ این امور با مسح روح آغاز شد، چرا که مأموریت مسح‌شده این نتایج را به بار می‌آورد.

مسیح گفت: «روح خداوند بر من است»، و افزود: «زیرا خداوند مرا مسح کرده است.» حال به گفتهٔ دیگر مسیح گوش جان بسپاریم، «همان‌گونه که پدر مرا فرستاد، من نیز شما را می‌فرستم. چون این را گفت، دمید و فرمود: روح‌القدس را بیابید.» (یوحنا ۲۰:۲۱-۲۲)

برخورداری از قوت و مسح روح خدا، امری ضروری و بی‌بدیل برای اجرای مأموریت الهی است. این روح خدا است که ما را برای اجرای عدالت و نمایاندن شفقت همچون خادم رنجبر اشعیا تجهیز می‌کند. این قوت الهی است که ما را قادر می‌سازد تا راه صلیب را در پیش گیریم و از رویارویی با رنج نهراسیم. شاید لازم است پیش از آن که برای مسح روح برای خود و دیگران دعا کنیم، قدری بیشتر به مفاهیم و مضامین کتاب‌مقدسی آن بیندیشیم.

فصل پنجم

روحی که می‌آید

کاوش ما در مورد کار روح‌القدس در عهدعتیق، افق‌های وسیعی را پیش روی‌مان گشوده است. دیدیم که قوم اسرائیل چگونه عمل روح یهوه، خدای‌شان، را تشخیص می‌دادند:

۱) در آفرینش جهان و نگاه‌داری حیات بر زمین.
۲) در رهبری نیرومند اما توأم با فروتنی، چنانکه در مدل رهبری موسی دیدیم.
۳) در کلام انبیا که شجاعانه برای بیان حقیقت و برقراری عدالت می‌ایستادند.
۴) در مسح پادشاهان قوم اسرائیل و نیز در انتظارشان برای ظهور خادم حقیقتاً مسح‌شدهٔ خداوند.

اما مؤمنان عهدعتیق در پرتو نبوت‌های انبیا و نیز امیدهایی که در سروده‌های‌شان برای رهایی موج می‌زد، عمیقاً چشم انتظار ظهور عصر تازه‌ای بودند که در آن پادشاهی یهوه، خدای اسرائیل، را بی‌حدوحصر

و بی‌چون‌وچرا تجربه کنند. آنها می‌خواستند پادشاهی خدا را به‌شکل واقعی مطابق با ایمان‌شان بر زمین تجربه کنند. اما یکی از نشانه‌های بارز برقراری این پادشاهی، ریزش بی‌سابقه و نوین روح خدا بر قومش بود. اسرائیلی‌یان بر این باور بودند که یکی از واضح‌ترین نشانه‌های آمدنِ عصر جدیدِ رهایی و برکت، ریزش نوین و بی‌مانندِ روح خدا است. در واقع، می‌توان آن را عصر روح خدا نامید. البته این بدان معنا نیست که آنها پیشتر روح خدا را تجربه نکرده بودند. بررسی ما به‌وضوح نشان می‌دهد که قوم اسرائیل نشانه‌های حضور و عمل روح خدا را به‌درستی تشخیص می‌دادند. اما این آمدن آتی روح بس فراتر از هر تجربه‌ای بود که تاکنون داشتند. تجربهٔ نوین، زمین، تاریخ و زندگی را دگرگون می‌ساخت. این ظهور نوین، عناصر شناخته‌شدهٔ قبلی را که همانا آفرینندگی، قوت‌بخشیدن، بخشیدن نبوت و مسح بودند، در خود داشت. اما اکنون در پهنه‌ای وسیع‌تر به همهٔ مؤمنان تعلق داشت و رهایی و برکت را برای آنان تبدیل به مقوله‌ای وجودی می‌کرد. آغاز این تجربه در روز پنطیکاست بود. اما در واقع، پنطیکاست تحقق وعده‌ای بود که خدا نوید آن را در عهدعتیق داده بود. تجربهٔ نوین برخورداری از روح خدا در عهدجدید نگاهی رو به آینده دارد زیرا در آینده، نجات و رهایی را به کمال به‌واسطهٔ روح خدا تجربه خواهیم کرد.

حال بیایید به سه متن در نوشته‌های انبیا بپردازیم که در آنها به آمدن روح خدا و تأثیرات شگرف آن اشاره می‌کند. این سه متن در نوشته‌های اشعیا، حزقیال و یوئیل دیده می‌شوند.

اشعیا ۳۲: آفرینش نو و عدالت

این باب نیز همچون بسیاری از بخش‌های اشعیا هم حاوی پیام داوری بر اورشلیم و هم سخنان امیدبخش به آن است. باب با اعترافی جسورانه پیرامون آمدن پادشاهی عادل آغاز می‌شود (این امر در تضاد با خاندانی فاسد که در آن روزگار بر تخت پادشاهی داوود تکیه زده بودند قرار داشت).

«اینک پادشاهی به عدالت سلطنت خواهد کرد.» (اشعیا ۱:۳۲)

برخورداری از پادشاهی عادل زیربنای امید و ایمان قوم اسرائیل را شکل می‌داد. پادشاه برگزیده و آرمانی می‌بایست آنچه را که پادشاهان تاریخ قوم اسرائیل در انجام آن شکست خورده بودند به انجام می‌رساند.

اما در ادامهٔ متن، ظهور پادشاه عادل با ریزش روح خدا همراه می‌شود به‌گونه‌ای که همه چیز دگرگون می‌گردد. به‌یاد دارید که روح خدا در اندیشهٔ عهدعتیق با مفاهیم آفرینش، عدالت و به‌کارگیری قدرت برای دفاع از ضعفا پیوند می‌خورد. در این متن تمامی این مفاهیم متأثر از عمل روح خدا هستند و عمق و معنایی تازه می‌یابند.

«تا آنگاه که روح از اعلی بر ما ریخته شود، و بیابان به بوستان بدل گردد و بوستان، همچون جنگل به‌نظر آید. آنگاه انصاف در بیابان ساکن خواهد شد، و عدالت در بوستان اقامت خواهد گزید. ثمرهٔ عدالت، سلامتی خواهد بود و نتیجهٔ عدالت، آرامی و امنیت تا ابدالاباد. قوم من در منزل‌گاه‌های مملو از آرامش، و مسکن‌های ایمن و استراحت‌گاه‌های پر از آسایش ساکن خواهند شد.» (اشعیا ۱۵:۳۲–۱۸)

اول، مطابق اشعیا ۱۵:۳۲، نظم آفرینش احیا می‌شود و به‌کمال زایایی و رشد خود بازمی‌گردد. روح خدا که دائماً خلقت را احیا می‌سازد و بر پا می‌دارد (نگاه کنید به فصل اول و مزمور ۱۰۴)، حال این عمل را به وفور انجام می‌دهد و تمام خلقت با حضور و قدرت روح خدا متبدل می‌شود. تصویری که در این متن پیرامون اثر روح خدا بر خلقت می‌بینیم شکل فشرده‌ای است از آنچه بعداً واضح‌تر در اشعیا ۱۷:۶۵-۲۵ ترسیم می‌شود. شاید تنها به مدد شعر است که می‌توان فراتر از آنچه به تصور می‌آید، حرکت کرد. ویلیام کوپر که سروده‌های آشنای بسیاری را تصنیف کرده است، سروده‌ای طولانی دارد که ابیاتی از آن رؤیای اشعیا را به تصویر می‌کشند:

«نهرهای شادمانی زمین را سیراب
و هر دیاری را به زیبایی ملبس می‌سازند
نکوهش بی‌باری به گذشته تعلق دارد
حال زمین زایا از فراوانی قهقهه می‌زند
آری زمینی که زمانی نحیف و لاغر بود
و در شرم دست و پا می‌زد، حال با رفع لعنت از شادی در پوست
خود نمی‌گنجد
درهم‌تنیدگی فصول مختلف، زایش جدیدی را نوید می‌دهد
و آن پدیدایی بهار جاودانی است
بهاری که در آن باغ‌ها از آفت نمی‌ترسند
دیگر نیازی به حصار نیست، دیگر غبطهٔ چیزی را نمی‌خوریم
همه جا مالامال نعمت است
شیر و خرس با گله‌ای بی‌باک چرا می‌کنند
همهٔ ملل یک صدا فریاد می‌زنند. برهٔ سزاوار برای ما ذبح شد
ساکنان وادی‌ها و صخره‌ها همین را جار می‌زنند
قله‌ها غریو شادی یکدیگر را خواهند شنید
آری همهٔ ملل این سروده را خواهند سرود
زمین هوشیانا گویان در شادی به حرکت می‌آید.»

دوم، مطابق اشـــعیا ۱۶:۳۲، *نظم* اخلاقی جهان احیا می‌شود. ریزش روح خدا همان‌گونه که در فصل سوم تحت عنوان «روح عدالت» دیدیم مُعرفِ آن است که ســیرت و شــخصیت خدا جهان را در بر می‌گیرد. عدل و انصاف بزرگ‌ترین و مهم‌ترین واژه‌های جهان اخلاقی عهدعتیق هســتند. این دو، فقط مُعرفِ مقتضیات رفتار بشری نیستند (گرچه قطعاً بر آن دلالت دارند)، بلکه شالودهٔ شکل‌گیری جهان تحت پادشاهی خدا هســتند. مزمور ۲:۹۷، عدل و انصاف را بنیان تخت خدا معرفی می‌کند. پس هنگامی که روح خدا نازل شــود، شخصیت اخلاقی خدا به صحنه می‌آید و راستی همه جا را فرا می‌گیرد.

شایان توجه است که اشـــعیا ۱۶:۳۲ عدالت و انصاف را به‌ترتیب در بیابان و بوســتان قرار می‌دهد. عدالت و انصاف تنها به حیات اجتماعی بشـــر تعلق ندارند (این امر در آیهٔ ۱۷ نیز به‌چشم می‌خورد) بلکه محیط طبیعی انســان را نیز در بر می‌گیرند. این محیـــط طبیعی می‌تواند بیابانی لم‌یزرع یا زمینی قابل کشت باشـــد. بیابان و زمین دو قلمرویی است که قربانی بی‌عدالتی و بی‌رحمی بشر می‌شود، از این‌رو اجرای عدالت برای هر دو ضروری اســـت. روح خدا که در آفرینـــش و نگاه‌داری آن نقش زیربنایی دارد، مشـــتاق دیدن عدالت بر زمین اســـت. روحی که زمین را آفرید حال می‌خواهد شـــاهد اجرای عدالت در آن باشـــد و این رؤیایی است که روزی محقق خواهد شد.

سوم، مطابق اشـــعیا ۱۷:۳۲-۱۸، *نظم* اجتماعی با شـــالوم خدا احیا می‌شـــود. اشعیا ۱۷:۳۲ با بیانی زیبا از تغذیهٔ جامعهٔ بشری از میوهٔ عدالت ســـخن می‌گوید که نتیجهٔ آن پایان خشـــونت، ترس و پریشـــانی است. در واقـــع، همهٔ عوامل به‌وجود آورندهٔ ترس و اضطراب از میان می‌روند. به‌جای آنها، آســـایش، امنیت و آرامی حیات بشـــر را شکل می‌دهند. اما همان‌گونه که اشعیا صحنه را به‌درستی ترسیم می‌کند، تمامی این عناصر حیات‌بخش نتیجهٔ ریزش روح خدا هستند.

آنگاه که روح از اعلی ریخته شود (۱۶:۳۲)، خلقت، و حیات اخلاقی و اجتماعی بشر در مسیر درستی قرار می‌گیرند. بلی، برای درک صحیح، باید همه چیز را از زاویهٔ دید نبی نگاه کرد. روح خدا در روز پنطیکاست نازل شد، اما تحقق کامل کار خدا در آینده روی می‌دهد. این درست مثل تعلیم عهدجدید پیرامون پادشاهی خدا است. پادشاهی خدا با مسیح در خدمت زمینی او آغاز شـــد ولی هنوز منتظر تحقق کامل این پادشـــاهی به‌هنگام بازگشت او هســـتیم. ما چنین دعا می‌کنیم، «پادشاهی تو بیاید، اراده‌ات بر زمین چنان که در آســـمان است انجام شود.» در اینجا با تنش «هم‌اکنـــون ولی نه‌هنوز» در رابطه با پادشـــاهی خدا روبه‌روییم. به‌همین شـــکل مطابق گفتهٔ پولس «نوبـــر» یا «بیعانه» یا «تضمیـــن» روح خدا را دریافت کرده‌ایم (افســـیان ۱۳:۱-۱۴). اما طبق رومیان ۱۸:۸-۲۷ هنوز

مشتاقانه دعا می‌کنیم تا رهایی و احیای کامل خلقت را تجربه کنیم و خلقت تازه را در مفهوم کامل آن و پادشاهی مطلق خدا را در صلح و عدالت نظاره‌گر باشیم.

حزقیال ۳۶-۳۷: احیا و قیام

حزقیال نیز اطلاعات ذی‌قیمتی دربارهٔ روح خدا به ما می‌دهد. روح خدا به دفعات حزقیال را چه به‌لحاظ جسمی و چه روحانی احیا می‌کرد؛ گاه جسمانی و گاه در رؤیا (حزقیال ۲:۲، ۱۲:۳، ۱۴، ۲۴؛ ۳:۸، ۲۴:۱۱ و ۱:۳۷).

حزقیال در میان اسیران بابل به‌سر می‌برد. او جزو گروهی بود که به‌دستور نبوکدنصر در سال ۵۹۷ قبل از میلاد به بابل تبعید شد. ۱۰ سال پس از آن، نبوکدنصر اورشلیم را خراب کرد و معبد را در سال ۵۸۷ به آتش کشید. بدین‌ترتیب، گروه بسیاری از یهودا به حزقیال پیوستند تا در تبعید به کام مرگ بروند. تبعید، امید یهودیان را به‌کلی از میان برد، گویی خدا دشمن قوم خود شده بود. اما حزقیال در نبوت‌هایی پر از تصویر، پرده از دست خدا در این واقعه برمی‌دارد. یهوه از شمشیر نبوکدنصر برای تنبیه و تعلیم قوم خود استفاده می‌کند. اما آیا در تبعید به پایان تاریخ قوم اسرائیل می‌رسیم؟ آیا هنوز امیدی برای آینده وجود دارد؟ به‌نظر می‌رسد که در سال‌های اولیهٔ تبعید، گروهی که همراه حزقیال به بابل آمده بودند، امید داشتند که دوباره به خانه برگردند، چون شهر اورشلیم و معبد آن هنوز بر پا بودند. اما پس از حملهٔ نبوکدنصر به اورشلیم، تمام امید تبعیدیون با تخریب شهر و معبد بر باد رفت. آنها به خود می‌گفتند: «نابودی اورشلیم و معبد، نابودی هریک از ماست. ما جز جسدی بی‌جان چیز دیگری نیستیم.» و حق با آنها بود، هیچ امیدی وجود نداشت. قوم اسرائیل با گناه خود به قبرستان تاریخ پیوست.

اما پیام انبیا به‌خصوص ارمیا و حزقیال (که هر دو شاهد تبعید بودند) و نیز اشعیا ۴۰-۵۵ دو سویه بود. از یک‌سو، ضمن بر شمردن گناه و ناطاعتی قوم اسرائیل و تنبیه خدا، تبعید را نتیجهٔ طبیعی رفتار قوم

می‌دیدند ولی از سوی دیگر، وعدهٔ بازگشت را از جانب همین خدایی می‌دادند که اجازهٔ به تبعید رفتن قومش را داده بود. و بازگشت قوم در سال ۵۳۸ قبل از میلاد با سقوط امپراطوری بابل به‌دست کوروش، پادشاه پارس، روی داد. کوروش در فرمانی اجازهٔ بازگشت گروه‌های کوچک مردم را به یهودا سرزمین مادری‌شان داد. بازگشت از تبعید، تحقق تاریخی بسیاری از نبوت‌هایی بود که در آن بر تفقد خدا از قوم پراکنده و احیای آنها در سرزمین خود تأکید داشتند.

اما حزقیال چیزی فراتر از بازگشت یهودا به سرزمین کوچک‌شان در حوالی اورشلیم می‌دید. حزقیال همچون انبیای دیگر، احیای قوم خدا را به‌شکل عمیق‌تری می‌دید. عمل فیض‌آمیز خدا، تبدیل قلب و ارادهٔ قوم را در بر می‌گیرد. خدا از طریق روحش قلب و ارادهٔ قوم را شفا می‌دهد. بله، درمان قوم اسرائیل تنها با جابه‌جایی جغرافیایی و رهایی سیاسی رخ نمی‌دهد. آنها نیاز به عمل قلب باز، و در واقع قلبی نو، دارند. آنها به قیام از مردگان نیاز داشتند. و اینها تماماً در حیطهٔ عمل روح خدا است. حال باید به دو متن نفس‌گیر و در واقع حیات‌بخش پیرامون عمل روح خدا در ایجاد این تبدیل زیربنایی بپردازیم.

حزقیال ۳۶:۲۵ - ۲۷

> «آب پاک بر شما خواهم پاشید و طاهر خواهید شد. من شما را از همهٔ ناپاکی‌ها و از همهٔ بت‌هایتان طاهر خواهم ساخت. و دلی تازه به شما خواهم بخشید و روحی تازه در اندرون‌تان خواهم نهاد و دل سنگی را از پیکر شما به در آورده، دلی گوشتین به شما خواهم داد. روح خود را در اندرونتان خواهم نهاد و شما را به فرایض خود سالک خواهم گردانید، و شما قوانین مرا نگاه خواهید داشت و آنها را به‌جا خواهید آورد.» (حزقیال ۳۶:۲۵-۲۷)

این از متن‌های مورد علاقهٔ من در کتاب حزقیال و در واقع کلام خدا است. در این متن با خبر خوش فیض خدا به‌واسطهٔ ترسیم

تصاویری زیبا روبه‌رو می‌شویم. در واقع، در اینجا با نزدیکترین تعریف از تجدید حیات یا تولـــد تازه در عهدعتیق مواجه می‌شـــویم. ماجرا از آیهٔ ۲۴ که مُعرفِ پایان تبعید و بازگشـــت به سرزمین اسرائیل است آغاز می‌شود. اما به‌ســـرعت در آیات بعدی از ابعاد جغرافیایی فاصله می‌گیرد و احیا را از مقوله‌ای خارجی به تغییـــری عمیق و درونی تبدیل می‌کند. حزقیال زیربنای احیا را تغییرات روحانی همراه با نتایج مملوس اخلاقی می‌داند. در اینجا صحبت از پاکی درونی و تحول اخلاقی است. تغییرات بنیادین که انگیزه‌های درونی قوم و رفتارهای بیرونی آن را شکل می‌دهند. به‌طور خلاصه، با عمل خدا از طریق روحش روبه‌رو می‌شویم. در واقع، این متن عمیق‌ترین شـــناخت روح خدا در عهدعتیق را به‌دست می‌دهد. می‌توان گفت این متن معنای کار مسیح را برای ما شرح می‌دهد.

واضح اســـت که کار خدا با آمرزش و پاک‌ســـازی شروع می‌شود. آمرزشـــی که تنها از فیض الهی ناشی می‌شـــود و نتیجهٔ عمل خدا است. ما نمی‌توانیم خود را پاک کنیم، اما وعـــدهٔ خدا در حزقیال ۲۵:۳۶ پاکی عمیق ماست. اما این فقط آغاز کار خدا است. حزقیال به‌خوبی می‌داند که درمان گناه قوم اســـرائیل (و گناه ما) بس عمیق‌تر از صرفاً یک پاک‌سازی آیینی اســـت زیرا مراد نه فقط پاکی ظاهری بلکه پاکی باطنی اســـت. از این‌رو، عمل روح خدا در پالایش عمیق درونی نقش اساسی پیدا می‌کند.

مشکل فقط رفتار قوم اسرائیل نیســـت، بلکه ریشهٔ این رفتارها باید هدف قرار گیرد. طرز فکر و ذهنیت قوم اســـرائیل سرچشمهٔ رفتارهایش را شـــکل می‌دهند. لُب مطلب آن است که مشـــکل در "قلب" و "روح" قوم اســـرائیل جـــای دارد. دو واژه‌ی عبری لِوْ (قلـــب) و روآخ (روح) جهان درونی شـــخص را نشـــان می‌دهند. در اصطلاح عبری، دل/ قلب در درجهٔ اول نماد تفکر اســـت نه احساس. شـــخص با دل فکر می‌کند، تصمیم می‌گیرد و دســـت بـــه عمل می‌زند. روح نیـــز نماد جهت‌گیری درونی و آرمان‌ها و آرزوهای شـــخص اســـت. در اینجـــا نیز مراد صرفاً عواطف نیســـت، بلکه منظور طرز فکر، گرایش و انگیزشـــی است که به انتخاب‌هـــا و اعمال ما جهت می‌دهند. این دو واژه با هم ارتباط نزدیکی

دارند، اما یکی نیستند. قوم اسرائیل باید متفاوت می‌اندیشید و متفاوت حس می‌کرد. تمام جهان درونی قوم اسرائیل باید تبدیل و دگرگون می‌شد.

وضعیت قوم اسرائیل به‌گونه‌ای است که حتی ختنهٔ دل نیز نمی‌تواند علاج درد آن باشد (تثنیه ۶:۳۰ و ارمیا ۴:۴). قوم اسرائیل به جراحی بس عمیق‌تر و سنگین‌تری نیاز دارد و آن پیوند قلب است. خدا قلب سنگی را برمی‌دارد، چون چنین قلبی قوم اسرائیل را سرد و بی‌روح نگه می‌دارد و نمی‌گذارد پاسخ مناسبی به خدا بدهد. قلب سنگی نماد مرگ قوم اسرائیل است و شخص مرده نمی‌تواند پاسخ بدهد. اما خدا به‌جای آن به قوم اسرائیل قلب گوشتین پیوند می‌زند. گوشت، زنده، گرم و انعطاف‌پذیر است و در اصطلاح زبان عبری مُعرفِ رابطه‌ای صمیمی و نزدیک از جنس رابطهٔ خویشاوندی است. خدا تمام ذهنیت قوم اسرائیل را متبدل می‌کند و به اراده، خواست و اهداف‌شان، جهت‌گیری‌های زیربنایی جدیدی می‌بخشد.

هدف از این تبدیل اطاعت با تمام وجود است. اما برای تحقق این امر، کار دیگری لازم است. «روح خود را در اندرون‌تان خواهم نهاد.» در نتیجه، قوم اسرائیل سرانجام قومی مطیع خواهد شد. در اینجا با امر متناقض‌نمایی روبه‌رو هستیم. خدا که خود معیاری را برای قوم اسرائیل تعیین و تعریف کرده بود، حال خود با عطای روحش، قومش را قادر می‌سازد مطابق آن معیار زندگی کنند.

خدا اطاعت طلب می‌کند و روح خدا امکان برآوردن این خواست را مهیا می‌سازد. وعدهٔ عالی این متن همین است. امر مشابه و متناقض‌نمای دیگری نیز در تثنیه ۱:۳۰-۱۰ وجود دارد. آیات ۲ و ۱۰ نمایانگر فرمان بنیادین عهدعتیق‌اند، مبنی بر اینکه قوم اسرائیل باید خدا را با تمام دل و جان خود دوست بدارد و با تمام دل خود از او اطاعت کند. تمام بار مسئولیت بر عهدهٔ قوم اسرائیل است. اما به‌طرز عجیبی در مرکز این متن، یعنی آیهٔ ۶، خدا وارد صحنه می‌شود و وعده‌ای عجیب می‌دهد. خدا می‌گوید: «دل شما و دل فرزندان شما را ختنه خواهم کرد تا بتوانید من

را با تمام دل و جان خود محبت کنید و زنده بمانید.» خدا کاری را برای قوم اسرائیل خواهد کرد که تاریخ‌شان نشان می‌دهد در اجرای آن به‌طرز شرم‌آوری مردود شده‌اند. بله، فیض خدا آنچه را که احکام الهی مطالبه می‌کند، به‌انجام می‌رساند. در متن تثنیه همچون حزقیال، انجیل همان‌گاه نیز در پشت صحنه، حیات خود را جاری می‌ساخت.

در اینجا واضحاً با تنشی روبه‌روییم (البته این تنش در سراسر کلام به‌چشم می‌خورد)، و آن تعریف نقش، سهم و ارادهٔ انسان و نیز نقش و سهم خدا است. خدا اطاعت می‌طلبد و ما هستیم که باید پاسخ مناسب به فرمان الهی بدهیم و آن را اجرا یا رد کنیم. اما هم‌زمان، خدا روح خود را نیز می‌بخشد تا بتوانیم فرمان الهی را اطاعت کنیم. یک قطب این تنش بر آزادی انسان صحِه می‌گذارد و قطب دیگر حاکمیت الهی را تأیید می‌کند. باید اذعان داشت که الهیات هرگز نمی‌تواند تمامی زاویای موجود در این رابطهٔ اسرارآمیز را در یابد و به توصیف و تفسیری آشکار از آن بپردازد. اما در نهایت این تجربهٔ عملی ما است که بر وجود چنین رابطه‌ای صحِه می‌گذارد.

به‌نظر می‌آید پولس نیز وقتی به نقش روح‌القدس در رابطه با شریعت فکر می‌کند، به‌همین نتیجه می‌رسد و آن را در فضای تجربهٔ حیات ایماندار مسیحی در رومیان ۸ توضیح می‌دهد. روح خدا (پولس پیوسته آن را روح حیات می‌نامد) در یک سطح ما را از شریعت آزاد می‌سازد- در خصوص گناه، مرگ و ناتوانایی بشریت سقوط‌کرده‌مان در اطاعت از خدا. اما پولس صریحاً می‌گوید که مسیح مرد تا روح خدا در ما ساکن شود و این سکونت برای آن است که «مطالبات شریعت در ما تحقق یابد، در ما که نه بر طبق نفْس بلکه بر طبق روح رفتار می‌کنیم.» (رومیان ۸:۱-۴)

پولس به احتمال زیاد حزقیال را در هنگام نگارش این سطور در ذهن داشته است. پولس بر این باور است که روحی که از طریق مسیح قیام‌کرده می‌شناخت همان روحی است که به‌واسطهٔ عهدعتیق می‌شناخت- روحی که ما نیز به همان دو طریق او را می‌شناسیم، از طریق مسیح و کتب عهدعتیق.

حزقیال ۱:۳۷-۱۴. در بخش قبلی با دو عنصر عمده در هنگام آمدن روح خدا مواجه شدیم. تطهیر و پیوند قلب، دو وعدهٔ بزرگ خدا به قومش به‌واسطهٔ روحش بودند. اما در مورد جسدی بی‌جان، این دو کار فقط ظاهر جسد را زینت می‌دهند و دردی از متوفی دوا نمی‌کنند. بله، تبعید روایت حال مردگان است و این باب آنان را همچون استخوان‌های مرده نشان می‌دهد. ببینید خود تبعیدیان راجع به خود چه می‌گویند: «استخوان‌های ما خشکیده و امیدمان از دست رفته و منقطع شده‌ایم» (حزقیال ۱۱:۳۷). پس خدا باید راه‌حل نیرومندتری در نظر بگیرد. خدا باید قومش را از قبر با بخشیدن حیات به آنها بیرون آورد. آیا خدا قادر به انجام آن است؟ آیا روح خدا می‌تواند حیات به مردگان عطا کند؟ آیا می‌توان این استخوان‌ها را زنده کرد؟

پاسخ حزقیال در رؤیای وادی استخوان‌های خشک، احتمالاً به یادماندنی‌ترین بخش کتاب او است. تصویر زیبایی که در آن رگ و پی و گوشت و پوست و استخوان به‌هم وصل می‌شوند و با هم فردی را شکل می‌دهند. این‌چنین، قوم خدا همچون سربازان متحد ارتش بزرگی را تشکیل می‌دهند. حتی فیلم‌های ترسناک قادر به تولید آنچه حزقیال کرد نیستند. جدا از روایت قیام مسیح، هیچ متن دیگری در کلام خدا نمی‌توان یافت که بدین‌سان بتواند قدرت حیات‌بخش روح خدا را به نمایش بگذارد. مطابق اعتقادنامهٔ نیقیه روح‌القدس، «خداوند و بخشندهٔ حیات» است. و در اینجا این افتخار از آنِ ما شده تا در عهدعتیق به قدرت بی‌مانند روح‌القدس نظر کنیم.

رؤیای حزقیال شرح حال تبعیدیان قوم اسرائیل بود. در این رؤیا بدون دخالت الهی اثری از حیات نمی‌بینیم. در ابتدا حزقیال به سؤالات متحیرکنندهٔ خدا گوش می‌دهد، «آیا ممکن است این استخوان‌ها زنده شوند؟» حزقیال شک نداشت که خدا قادر به زنده کردن آنهاست (روایاتی در عهدعتیق در این‌باره وجود دارد). اما برای زنده کردن، باید بدنی باشد که جان در آن دمیده شود. ولی در اینجا با استخوان‌های خشک روبه‌روییم! اما حزقیال با اطاعت از خدا پیام حیات را به آنها «اعلام

می‌کند» و این‌چنین بدن آنها شـکل می‌گیرد. امـا اگرچه این اعجازآمیز است، لیکن جسد بی‌جان چه مزیتی بر اسکلت دارد؟ پس شرایط تفاوت آن‌چنانی نکرده اسـت. بدون حیات، امیدی در کار نیست. در این مقطع حساس است که روح خدا قدم به صحنه می‌گذارد.

در فضایی که سـکوت مرگ‌آوری بر همه چیز حاکم بود، خدا برای بار سوم لب به سخن گشـود: «ای روح از بادهای چهارگانه بیا و بر این کشـتگان بدم تا زنده شـوند (آیهٔ ۹).» در اینجاسـت که احیا به معنای واقعی کلمه صورت می‌گیرد. شایان ذکر است که در این متن واژهٔ عبری "روآخ" یـا "دم" نقش کلیدی دارد و به دفعات تکرار می‌شـود. در باب پیش (۳۶:۱-۱۴) نیز این واژه ده بار ذکر می‌شـود. اما تنوع به‌کارگیری این واژه در حزقیال ۳۷:۱-۱۴ حیرت‌انگیز اسـت. آیات اول و آخر این بخش بدون شک به روح یهوه اشـاره دارند. در آیهٔ اول، این روح یهوه است که حزقیال را در وسط وادی اسـتخوان‌های خشک قرار می‌دهد. و نیز در آیهٔ ۱۴، مجدداً این روح خداوند اسـت که قوم را در سـرزمین اجدادی‌اش قرار می‌دهد. در هر دو آیه فعل «قرار دادن» مشترک است. اما همان‌گونه که ذکر شد، "روآخ" به‌شکل تحت‌الفظی معنای "دم" یا "نَفَس" دارد و ایـن معنای مـورد نظر در آیات ۵ و ۶ و ۸ و ۱۰ اسـت. "روآخ" همچنین می‌تواند به معنای "باد"، و آن هم باد شدید، باشد. اشارهٔ آیهٔ ۹ به بادهای چهارگانه، یعنی وزشـی از همهٔ جهات جغرافیایی، به همه‌جانبه بـودنِ عمل روح خدا دلالت دارد. تصویری که حزقیال ترسـیم می‌کند همچون دادن تنفس مصنوعی به فردی اسـت که حیات خود را از دست داده است. عمل همه‌جانبهٔ خدا در نهایت به جسد مرده، جان می‌بخشد. این روح خدای زنده اسـت که حیات را در جسد بی‌جان قوم می‌دمد تا قوم اسـرائیل از مرگ قیام کند و تبدیل به لشگری نیرومند شود. پس در تمام صحنه‌ها با کارکردهای مختلف واژهٔ "روآخ" روبه‌رو هستیم. "روآخ" در انسـان می‌دمد، در طبیعت بادی است که می‌وزد و در خدا روح خدا اسـت. ولی در همه‌جا یک کار بنیادین انجام می‌دهد و آن تولید حیات است. حیاتی که مرده را زنده می‌کند.

در اینجا به‌یاد تصویر دیگری از کلام خدا می‌افتیم. تصویری از عمل الهی که بر پیکرهای بی‌جان، نَفَس می‌دمد ما را به یاد پیدایش ۷:۲ می‌اندازد. در متن پیدایش نیز حیات طی دو مرحله حاصل می‌شود. اول، خدا انسان را از خاک می‌آفریند. در این مرحله صرفاً با موجودیتی جسمانی مواجه‌ایم که زنده نیست. اما سپس خدا عملی همچون دادن تَنفس مصنوعی را آغاز می‌کند. در اینجا با کاری شخصی و صمیمانه روبه‌رو هستیم، چون برای دادن تنفس مصنوعی باید به شخص نزدیک شد. از این‌رو، خدا در بینی انسان نَفَس حیات دمید و آدم موجودی زنده شد. زنده شدن نتیجهٔ دَمِ خدا است. به‌همین‌سان نیز در حزقیال قدرت حیات‌بخش و منحصربه‌فرِد خدا، در درون پیکرهای بی‌جان قوم، زندگی می‌دمد. جان بخشیدن به قوم اسرائیل همانا بازآفریدن است.

در درک پیام حزقیال باید حتماً این نکته را به‌یاد داشته باشیم که هدف اصلی *امید بخشیدن به قوم اسرائیل* است. رؤیا و تفسیر آن در خدمت تعلیم آموزهٔ رستاخیز جسمانی نیست. این رؤیا صرفاً تصویری ترسیم می‌کند که در آن لشکر عظیمی از سربازان مرده دوباره جان می‌گیرند و بدین‌سان امید برای قوم اسرائیل زاده می‌شود. زبان این متن، سمبلیک و استعاره‌ای است و کاربرد آن نه برای جان‌باختگان، بلکه برای زندگان است. این‌چنین حزقیال به اسیران بابل نوید می‌دهد که آینده‌ای نو در انتظار آنان است و تبعید به پایان خواهد رسید. حزقیال به یهودیان نمی‌گوید که آنانی که در سال ۵۸۷ در محاصرهٔ اورشلیم جان باختند یا عده‌ای که در تبعید از دنیا رفتند، پس از تبعید دوباره باز خواهند گشت.

اما شکی در کار نیست که رؤیای استخوان‌های خشک و زنده شدن آنها، نقشی کلیدی در شکل‌گیری آموزهٔ رستاخیز مردگان در کلام خدا دارد. ارتباط حزقیال ۳۷:‏۱-۱۴ و پیدایش ۷:۲ نیز غیرقابل تردید است. احیای قوم اسرائیل در حزقیال همچون آفرینش دوبارهٔ انسان است. گویی خدا عمل اولیهٔ آفرینش را دوباره ولی این‌بار برای قوم و در مقیاسی جمعی انجام می‌دهد. از این‌رو می‌توان این دو متن را در سایهٔ یکدیگر

خواند و تفسیر کرد. گناه و مجازات قوم اسرائیل نیز انعکاسی از سقوط نسل بشر است. بنابراین، احیای قوم اسرائیل می‌تواند دورنمایی از عمل فیض‌آمیز خدا برای رهایی کل بشر باشد. رستاخیز قوم اسرائیل طلیعه‌دار رستاخیز بشر است. داستان حزقیال بر واقعیت قیام مسیح نور می‌اندازد و آن را بهتر معنی می‌کند. وقتی مسیح پس از قیام به ملاقات شاگردان در پشت درهای بسته از ترسِ یهود رفت، بار دیگر طنین حزقیال ۳۷ جلوه کرد، وقتی عیسی در شاگردانش «دمید و گفت: روح‌القدس را بیابید» (یوحنا ۲۰:۲۲). خود او از مردگان و از جهان استخوان‌های خشک، به قدرت روح برخاسته بود و حال همچون روایت حزقیال، "روآخ"، همان دم خدا را در شاگردانش می‌دمد و آنها زنده می‌شوند. شایان ذکر است که در متن یوحنا، این خود عیسی است که در شاگردان می‌دمد. مسیح خداوندی است که روح را عطا می‌کند.

این مسیح قیام‌کرده همان ماشیح موعود اسرائیل است و شاگردان به‌تدریج در قیام مسیح متوجه می‌شوند که آنچه خدا به‌واسطهٔ مسیح و در مسیح انجام داد، حال می‌خواهد برای قوم اسرائیل به عمل آورد. (لوقا ۲۴:۱۹-۲۷ و ۴۵-۴۹)

رهایی، احیا و قیام قوم اسرائیل در قیام ماشیح قوم نوید داده می‌شود. یعقوب در اعمال رسولان ۱۵:۱۶-۱۷ این نکته را تأیید می‌کند که پادشاهی تبار داوود در پرتو مرگ و قیام مسیح احیا می‌شود. و نیز کتاب عبرانیان به تفصیل اذعان می‌دارد عهد خدا با قوم اسرائیل و تمام مفاهیم مبتنی بر ایمان آن، در مسیح مجسم و استوار می‌گردد. حال دیگر یهود و غیریهود یکسان به‌واسطهٔ ایمان به مسیح وارث وعده‌ها می‌شوند.

در واقع مطابق شواهد عهدجدید، عیسی مظهر و نمایندهٔ قوم اسرائیل جدید می‌شود و قیامش نوید قیام قوم اسرائیل را می‌دهد. اما چنانکه پیش‌تر ذکر شد، آنچه بر قوم اسرائیل روی می‌دهد، دورنمای رخدادی است که برای نسل بشر واقع خواهد شد. از این‌رو، سرگذشت مسیح به‌عنوان مظهر قوم اسرائیل جدید، نوید رخداد امری تازه را برای بشر دارد. دَمی که حیات را برای مردگان از بادهای چهارگانهٔ حزقیال

(حزقیال ۹:۳۷) به ارمغان آورد به روح خدا اشـــاره دارد که در همهٔ نقاط جهان مشـــغول کار است و در همهٔ جهات حرکت می‌کند. همان روحی که به قدرتی عظیم پیکرهای بی‌جان را در حزقیال ۳۷ زنده کرد، ماشـــیح قوم اسرائیل را نیز از قبر بیرون آورد. حال با همان قوت اقصای جهان را درمی‌نوردد تا حیات، نجات و امید به قیامت مردگان را برای همهٔ مؤمنان به مســـیح به‌بار آورد. «و اگر روح او که عیسی را از مردگان برخیزانید در شما ساکن باشـــد، او که مسیح را از مردگان برخیزانید، حتی بر بدن‌های فانی شـــما نیز حیات خواهد بخشید. او این را به‌واسطهٔ روح خود انجام خواهد داد که در شما ساکن است.» (رومیان ۱۱:۸)

یک‌بار دیگر درمی‌یابیم که تعالیم عالی، نبوت‌ها و تصاویر الهام‌بخش عهدعتیق پیرامون روح‌القدس به سلوک ما در مسیح معنا می‌بخشند. همهٔ مـــا معترفیم که به روح‌القدس ایمان داریم. اما همان‌گونه که از فصل اول آموختیم، آیا به کمال می‌دانیم که با چه شـــخصی طرف هستیم؟ آیا عمل او را در گذشـــته، حال و آینده تشخیص می‌دهیم؟ او روح خدا است که خلقت را با کلامش موجودیت بخشـــید و حیات را در انســـان دمید. او روحی اســـت که در دیدگان حزقیال قوم خدا را از مرگ به حیات آورد. او روحی اســـت که مسیح را از مردگان قیام داد. او روحی است که به هر شخصی که به مسیح ایمان دارد، حیات می‌بخشد. این همان روحی است که حال در شما ساکن است.

یوئیل ۲: توبه و احیا

حال به متنی می‌رســـیم که ممکن است برخی انتظار داشتند زودتر به آن می‌پرداختیم. متنی که پطرس در روز پنطیکاســـت از آن نقل‌قول کرد. برخی (نه خوانندگان کنونی این کتاب) از روح‌القدس در عهدعتیق فقط همین را دربارهٔ روح‌القدس می‌داننـــد- اینکه یوئیل دربارهٔ ریزش روح خدا در روز پنطیکاســـت نبوت می‌کند. بنابراین، از آنجا که این واقعه در پنطیکاست رخ داد، چه چیز دیگری دربارهٔ آن می‌توان گفت؟

«پس از آن، روح خود را بر تمامی بشر فرو خواهم ریخت؛ پسران و دختران شما نبوّت خواهند کرد، پیرانتان خوابها و جوانانتان رؤیاها خواهند دید. نیز در آن روزها حتی بر غلامان و کنیزان، روح خود را فرو خواهم ریخت. در آسمان و بر زمین عجایب به ظهور خواهم آورد، از خون و آتش و ستونهای دود. پیش از فرا رسیدن روز عظیم و مَهیب خداوند، خورشید به تاریکی و ماه به خون بدل خواهد شد. و هر که نام خداوند را بخواند، رهایی خواهد یافت؛ زیرا بر کوه صَهیون و در اورشلیم رهایی‌یافتگانی خواهند بود، همان‌گونه که خداوند فرموده، و در میان بازماندگان، کسانی که خداوند ایشان را فرا خوانده است.» (یوئیل ۲:۲۸-۳۲)

مطابق اصول تفسیری، باید این بخش را در فضای کلی کتاب و نیز در تمام این باب بی‌نظیر درک کرد. نبوت یوئیل زمانی رخ می‌دهد که قوم خدا فاجعه‌ای ملی را تجربه می‌کردند و یوئیل آن را داوری خدا قلمداد می‌کرد. در باب اول یوئیل، از «هجوم ملخ‌ها» سخن به میان می‌آید. اگر معنای این عبارت تحت‌الفظی باشد، پس فاجعه‌ای طبیعی در راه است ولی این عبارت می‌تواند به‌طور استعاری خبر از حملهٔ ارتش متخاصم نیز بدهد. در هر حال، باب اول، مصیبتی قریب‌الوقوع را گواهی می‌دهد. یازده آیهٔ اول باب دوم نیز همین موضوع را دنبال می‌کند. این آیات ترکیبی از توصیفات ساده و تصاویر هولناکند. اشخاصی که شاهد هجوم ملخ‌ها بوده‌اند بر درستی این گزارش صِحه می‌گذارند. یک ویرانی تمام‌عیار (یوئیل ۲:۳) با تصاویری دهشتناک (یوئیل ۲:۴-۵) در راه است. تهاجمی که هول و هراس برمی‌انگیزاند (یوئیل ۲:۶) و شهرها و خانه‌ها را آماج حملات خود قرار می‌دهد (یوئیل ۲:۷-۹). تاخت‌وتازی که زمین را به لرزه درمی‌آورد و آسمان را تاریک می‌سازد. (یوئیل ۲:۱۰)

اما یوئیل این تصاویر را با عبارتی درهم‌می‌آمیزد که تصویر داوری خدا در آنها در پَس صحنه تداعی می‌شود. عبارت «روز خداوند» در آیات ۱ و ۱۱ خبر از داوری الهی می‌دهد؛ گویی تصویر سقوط انسان در

عَدَن یادآوری می‌شود (یوئیل ۳:۲). زمین‌لرزه و تاریکی نمادهای حضور غضبناک الهی‌اند (یوئیل ۱۰:۲) و سرانجام متن به‌وضوح ارتش ملخ‌ها را ارتش خودِ خداوند می‌خواند، سپاهی که خود خدا در رأس آن است و تصویری بس هولناک ترسیم می‌شود.

> «خداوند آواز خویش را پیش روی سپاه خود بلند می‌کند، به‌راستی که اردوی او بسیار عظیم است؛ آنان که فرمان او را به جا می‌آورند، زور آورند. زیرا که روز خداوند عظیم است، و بسیار مَهیب؛ کیست که آن را تاب آورد؟» (یوئیل ۱۱:۲)

اما ناگهان و به‌شکلی غیرمنتظره، لحن سخن در یوئیل ۱۲:۲ تغییری کامل می‌یابد. خدایی که فرماندهی قشون ویران‌گر ملخ‌ها را در یوئیل ۱۱:۲ بر عهده داشت، به ناگه از قوم می‌خواهد که «همین الآن» توبه کنند.

> «خداوند می‌فرماید: همین الان نزد من بازگشت کنید، با تمامی دل خود و با روزه و گریه و ماتم.» (یوئیل ۱۲:۲).

یوئیل روزنه‌ایی را که خدا در این آیه گشود، وسیع‌تر می‌کند و دلایلی را بر آن می‌افزاید (یوئیل ۱۳:۲-۱۴) و برخی قدم‌های عملی را در این بازگشت برمی‌شمرد (یوئیل ۱۵:۲-۱۷الف). یوئیل حتی متن توبه را برای قوم مهیا می‌کند. (یوئیل ۱۷:۲ب)

این متن زمینهٔ درک بهتر معنای ریزش روح خدا در بخش‌های بعدی باب است. پیش از آن که به بخش مربوط به ریزش روح خدا بپردازیم، ضروری است که نکاتی را پیرامون توبه و بخشش واقعی در این قسمت بیان کنیم، چرا که تنها در پرتو درک این مفاهیم است که می‌توانیم وعدهٔ برکت جهان‌شمول خدا را بیشتر قدر نهیم. پطرس رسول نیز در همین فضای فکری در روز پنطیکاست سخن می‌گفت. او مردم را به توبه دعوت کرد و وعدهٔ آمرزش و برکت را برای همهٔ مومنان به مسیح نوید داد زیرا همهٔ این مواهب نتیجهٔ ریزش روح خدا در روز پنطیکاست بود.

پطرس حضور و عمل روح‌القدس در عهدعتیق را می‌شناخت، پس باید به او گوش جان سپرد. اما بیایید در ابتدا به آنچه یوئیل نبی دربارهٔ توبه و بخشش می‌گوید، گوش دهیم تا با آمادگی بیشتری پذیرای گفتار او پیرامون آمدن روح خدا شویم.

توبهٔ اصیل (یوئیل ۲:۱۲-۱۷)

چگونه می‌توان توبه‌ای را که در آیات بیان می‌شود اصیل خواند؟ این توبه از آن جهت اصیل است که بر پایهٔ حقیقت استوار می‌باشد. انگیزه، شیوه و حتی شکل توبه‌ای که یوئیل همگان را بدان دعوت می‌کند به حقایق بنیادین دربارهٔ خدا و قومش می‌پردازد. در این آیات با سه حقیقت بزرگ روبه‌رو هستیم:

۱) فیض خدا (یوئیل ۲:۱۳)

«دل خود را چاک زنید نه جامهٔ خویش را
به‌سوی یهوه خدای خود بازگشت کنید
زیرا او فیاض و رحیم است، دیرخشم و آکنده از محبت
و از بلا منصرف می‌شود.»

سه عبارت آخر این آیهٔ شگفت‌انگیز حالتی شعری در متن عبری دارد. این سه عبارت وجه ممیزهٔ شخصیت خدا هستند. این سه عبارت به زمانی برمی‌گردند که در آن موسی در پی کشف هویت خدا بود و خدا خود را این‌گونه تعریف کرد. این معرفیِ بی‌کم‌وکاست یهوه است. ویژگی شخصیتی یهوه در این عبارات دیده می‌شود. شایان ذکر است که خروج ۳۴:۶ در فضایی بیان می‌شود که قوم اسرائیل به‌خاطر ارتکاب به گناهی مهلک در خطر نابودی کامل به‌سر می‌بردند. اما (چنانکه در فصل ۲ دیدیم) به‌دلیل شفاعت فداکارانهٔ موسی، غضب الهی فرو نشست و فیض و آمرزش بی‌قیاس خدا بر صحنه حاکم شد. پس از آن، این عبارت در عهدعتیق حداقل هشت بار تکرار می‌شود و هر دفعه یادآور

شخصیت بی‌نظیر خدای قوم اسرائیل است. این نمونه‌ها را می‌توان در اعداد ۱۸:۱۴، نحمیا ۱۷:۹، مزمور ۱۵:۸۶، ۸:۱۰۳، ۸:۱۴۵، یونس ۲:۴، ناحوم ۳:۱ و البته یوئیل ۱۳:۲ یافت.

سه عبارت آخر یوئیل ۱۳:۲ را می‌توان نزدیک‌ترین معادل به آنچه که "الهیات گزاره‌محور" نامیده می‌شود، دید. در این نوع الهیات صفات خدا در محور تعریف از ذات قُدسی قرار می‌گیرند. نمونهٔ دیگر تثنیه ۴:۶ است که در آن به وحدانیت خدا اشاره می‌شود. این آیات خدای واحد قوم اسرائیل را خدایی سرشار از فیض و شفقت معرفی می‌کنند.

اما چگونه می‌توان به سازگاری میان غضب خدا (یوئیل ۱۱:۲) و فیض او (یوئیل ۱۳:۲) رسید؟ هر دوی این رویکردها در آیات مربوطه تأیید می‌شوند. از یک‌سو، قوم اسرائیل به‌خوبی می‌دانست که غضب یهوه بر ضد شرارت، غرور و بت‌پرستی بشر است. و از سوی دیگر، همین خدا فیض و محبت بی‌کران خود را به کسانی که نزد او باز گردند می‌بخشد و رحمت و برکت خود را بر آنان جاری می‌سازد. اما خشم و رحمت چگونه در کنار هم قرار می‌گیرند؟ اینجاست که آیهٔ ۱۲ همچون پلی به میان می‌آید و آنچه تفاوتی واقعی پدید می‌آورد همانا توبهٔ اصیل است. این حقایق شگرف ما را به پای صلیب مسیح می‌برد زیرا در آنجا کمال داوری خدا و نیز نهایت تجلی فیض او دیده می‌شود. زیرا خشم خدا توسط خودِ او و به‌واسطهٔ اطاعت پسرش عیسای مسیح تحمل می‌شود.

۲) عهد خدا (یوئیل ۱۷:۲الف)

یوئیل از یک‌سو قوم را دعوت به بازگشت نزد خدا می‌کند (یوئیل ۱۳:۲) و از سوی دیگر نزد خدا دعا می‌کند که بر قوم رحم نماید (یوئیل ۱۷:۲). این نوع گفتار، گفتمان عهد را تداعی می‌کند که در آن خدا به دفعات می‌گوید: «من خدای شما و شما قوم من خواهید بود.» واژهٔ "میراث" نیز که مُعرفِ زمین یا قوم است به گفتمان عهد خدا تعلق دارد.

از این‌رو، توبه بخش بنیادین رابطهٔ عهدی خدا و قوم اسرائیل را در عهدعتیق تشکیل می‌دهد. در آن روزگار، قوم اسرائیل در سرزمینی بودند که خدا به آنها بخشیده بود. تعهد خدا و قوم اسرائیل دو جانبه بود، اما قوم اسرائیل عهد خود را شکستند. اما در این آیه، قوم از خدا می‌خواهند که عهد خود را زیر پا نگذارد و آنها را نابود نکند و وعده‌هایش را از یاد نبرد. پاسخ بی‌وفایی قوم اسرائیل توسل به وفاداری خدای قوم اسرائیل بود. در واقع، این حقیقت زیربنای تمام دعاهای ماست و به‌خصوص محتوای توبه را شکل می‌دهد.

موسی پس از واقعهٔ طغیان اسرائیل در ماجرای ساختن گوسالهٔ طلایی، دقیقاً بر همین خصلت وفاداری خدا در خروج ۳۲-۳۴ تکیه کرد تا خدا از تنبیه قوم بگذرد و بر آنها رحم فرماید. شفاعت موسی برای قوم یادآور تثنیه ۹:۲۵-۲۹ است. شایسته است که متن تثنیه را مطالعه کنید و شباهت‌های آن را با دعای یوئیل برشمارید. پس از آن در خواهید یافت که توسل به وفاداری و عهد خدا در تمامی دعاها، شفاعت‌ها و توبه‌های عهدعتیق مشهود است. از برجسته‌ترین این دعاها می‌توان به دعای موسی (تثنیه ۹)، نحمیا (نحمیا) ۹ و دانیال (دانیال ۹) اشاره کرد.

۳) حرمت خدا (یوئیل ۲:۱۷ب)

اگر قوم خدا بی‌حرمت و بی‌آبرو شوند، خدای‌شان نیز از این امر بی‌نصیب نمی‌ماند. ملل دیگر ناظر بر سرنوشت قوم اسرائیل تنها آنها را سخره نمی‌کنند بلکه خدای آنها را نیز به تمسخر می‌گیرند و می‌گویند: «خدای ایشان کجاست.» پس قوم اسرائیل در توبه و توسل به رحمت خدا، از این نکته نیز غافل نمی‌شود. آیا خودِ خدا از دیدن خواری قومش شادمان است؟ چگونه می‌تواند اجازه دهد که حرمت و جلالش پایمال تمسخر جهان گردد؟ موسی نیز بر این نکته تأکید داشت، آنگاه که گفت: «اگر قوم خود را در بیابان نابود کنی، مصریان چه خواهند گفت؟ آیا نه اینکه قوم را از بردگی نجات داد تا تباه‌شان سازد؟»

یکی از نشانه‌های توبهٔ اصیل آن است که شخص حفظ حرمت خدا را بر خود ترجیح دهد. آگاهی از خطای خود می‌تواند (و باید) به شرمی عمیق ختم شود. به‌خصوص اگر این گناه، دامن دیگران را نیز بگیرد و مایهٔ آبروریزی برای همگان شود. اما آنچه این گناه را وحشتناک‌تر می‌کند، درک این حقیقت است که «من مسیحی هستم.» نام مسیح بر من قرار دارد و آنچه من انجام دادم، نام او را نیز بی‌حرمت می‌سازد. وسعت آسیب و خرابی از قلمرو من فراتر می‌رود و بر آوازهٔ خدا و نام نیک دیگران اثری بد می‌گذارد. در این لحظه است که فریاد برمی‌آوریم، «خدایا بر من رحم کن، مرا ببخش و عفو فرما. این کار را نه فقط برای من بلکه به‌خاطر حفظ نام خود انجام بده. نمی‌توانم تحمل کنم مردم به‌خاطر من راجع به تو سخن بد بگویند. مگذار حماقت و گناه من سبب تمسخر و اهانت به تو شود.» چنین دعایی بی‌شک رد پای روح‌القدس را دارد.

چنین دعا و توبهٔ اصیلی، قلب خدا را به حرکت می‌آورد. اینها پایه‌های ساده ولی عظیم حقایق کتاب‌مقدسی‌اند: خداوند هویت و شخصیتی فیاض دارد، او نسبت به وعده‌های مبتنی بر عهد خود وفادار است، بالاترین دغدغهٔ خدا حفظ حرمت، جلال و نام خویش است. پس به‌هنگام بازگشت نزد خدا یا هدایت دیگران به‌سوی او، بیایید به قلب خدا نزدیک شویم. بیایید توجه خود را نه بر رفع نیاز و ترس‌های خود و نه بر حفظ نام و آوازهٔ خود، بلکه بر شخصیت خدا، عهد او و حفظ حرمت الهی قرار دهیم. آنگاه می‌توانیم واژهٔ "شاید" در یوئیل ۱۴:۲ را با اطمینان "قطعاً" تعریف کنیم.

بخشش کامل (یوئیل ۱۸:۲-۲۷). برای درک بهتر این متن باید فضای آن را در ذهن ترسیم کنیم. توبه‌ای در ابعاد ملی (یوئیل ۱۵:۲) تحت هدایت رهبران مذهبی (یوئیل ۱۷:۲) روی داده است و همهٔ اقشار جامعه در آن شرکت کرده‌اند (یوئیل ۱۶:۲). بدین‌ترتیب در خواست یوئیل اجابت می‌شود.

در پایان یوئیل ۱۷:۲، سکوتی حاکم است. همگان منتظر پاسخ خدا هستند. آیه با تمسخر ملل بر قوم اسرائیل به پایان می‌رسد. «خدای ایشان

کجاست؟» این سؤال بازتابی از جهان درونی قوم نیز بود، به‌راستی خدای ما کجاست؟ واکنش او به این شرایط چیست؟ وقتی به پاسخ خدا احتیاج داریم، حضور نبی ضروری می‌شود و اینجاست که یوئیل دوباره به صحنه می‌آید. یوئیل کلامی از جانب خدا دارد، کلامی باورنکردنی. خدایی که غریو داوری‌اش در یوئیل ۱۱:۲ هولناک بود، حال از واژگانی سراسر فیض‌آمیز و سرشار از رحمت سخن می‌گوید. در اینجا عباراتی بیان می‌شود که عمیقاً نیاز قوم خدا بود، «پس خداوند... بر قوم خویش شفقت نمود.» (یوئیل ۱۸:۲)

آنچه در یوئیل ۱۹:۲-۲۷ می‌بینیم، خبر از بخششی کامل می‌دهد که نتیجهٔ آن احیا و جاری شدن برکت است. فیضی که قوم تمنای آن را در ۱۳:۲ داشتند، حال به‌شکلی ملموس آنها را فرا گرفته است. لطفاً برای لحظاتی این آیات را خوانده، شیرینی آنها را حس کنید. به‌یاد داشته باشید که این آیات را باید در فضای تاریک هجوم ویرانگر ملخ‌ها خواند، جایی که تمامی مزارع در خطر قریب‌الوقوع نابودی مطلق قرار داشتند. به آیات آغازین و پایانی متن توجه کنید.

> «و خداوند قوم خود را اجابت کرده، گفت: «اینک من برای شما گندم و شراب تازه و روغن می‌فرستم، تا بخورید و سیر شوید. و دیگر هرگز شما را در میان قوم‌ها اسباب تمسخر نخواهم ساخت. خوراکِ بسیار خورده، سیر خواهید شد، و نام یهوه خدای خود را خواهید ستود، نام او را که در حق شما کارهای شگفت کرده است؛ و قوم من دیگر هرگز شرمسار نخواهند شد. آنگاه خواهید دانست که من در میان اسرائیل هستم، و من یهوه خدای شمایم، و دیگری نیست؛ و قوم من دیگر هرگز شرمسار نخواهند شد.» (یوئیل ۱۹:۲ و ۲۶-۲۷)

آنچه در این متن شادی‌آور، همچون توصیف توبهٔ قوم در ۱۲:۲-۱۷، بارز است حضور همان سه عنصر زیربنایی است یعنی عهد، فیض و حرمت خدا. البته بدون شک فیض با تأکید بیشتری بیان می‌شود. حال بیایید به هریک نظری بیندازیم.

۱) عهد خدا

رابطهٔ مبتنی بر عهد در قالب واژگانی مشخص که بیانگر رابطهٔ خاص خدا و قوم اسرائیل است بیان می‌شود. واژگانی مهم از جمله "سرزمین خویش" و "قوم خویش" در یوئیل ۱۸:۲ و "خدای شما" و "قوم من" در یوئیل ۲۷:۲ به‌خوبی نمایان‌گر عهد خدا با قومش هستند. عهد، زیربنای عمل نجات‌بخش خدا را شکل می‌دهد و تنها در پرتو وفاداری مبتنی بر عهد خدا است که می‌توان رحمت و بخشش الهی را تجربه کرد.

۲) فیض خدا

خدا وعده می‌دهد که همهٔ خسارت‌های ناشی از حملهٔ ملخ‌ها را جبران کند. بار دیگر زمین خواهد رویید و محصول فراوان خواهد شد. در اینجا با تصویری زیبا و پرشور از پایان هجوم ملخ‌ها روبه‌رو هستیم (یوئیل ۲۰:۲). بارانی جان‌فزا خواهد بارید (یوئیل ۲۳:۲) و فضای سبز و زایایی جایگزین خس و خاشاک خواهد شد (یوئیل ۲۲:۲). تصویر نهایی روایت وفور حیات است که در وفور غله، شراب و روغن متبلور می‌شود. (یوئیل ۲۴:۲)

در سطحی عمیق‌تر می‌توان از پایان داوری سخن گفت، لعنت برداشته می‌شود و برکت جاری می‌گردد. اگرچه متن به یک حقیقت تاریخی اشاره دارد که در آن به‌ویژه به هجوم مرگبار ملخ‌ها و پایان آن می‌پردازد، اما می‌توان در مقیاسی بس وسیع‌تر، بارقه‌هایی از عمل رهایی‌بخش خدا را برای کل خلقت دید. از یاد نبریم که در عهدعتیق دعوت قوم اسرائیل برای نجات همهٔ ملل بود و سرزمین اسرائیل نمادی از کل جهان تلقی می‌شد. از این‌رو شایان توجه است که سرود شادمانهٔ یوئیل ۲۱:۲-۲۳، کل خلقت را در بر می‌گیرد.

> «ای زمین، ترسان مباش! بلکه وجد و شادی کن، زیرا خداوند کارهای عظیم کرده است. ای جانوران صحرا مهراسید، زیرا مرتع‌های صحرا سبز شده است؛ درختان میوه آورده‌اند، و

درختان انجیر و انگور بارِ کامل داده‌اند. ای فرزندان صَهیون، در یهوه خدای خود وجد و شادی کنید، زیرا بارانِ اولین را به اندازه به شما داده است؛ او باران فراوان بر شما بارانیده، یعنی باران‌های اولین و آخرین را، همچون گذشته.» (یوئیل ۲:۲۱-۲۳)

زمین، حیوانات و انسان‌ها همگی در پهنهٔ عملکرد نجات‌بخش خــدا قرار می‌گیرند. برکت خدا تمامی خلقت را در بر می‌گیرد. بنابراین، موضوعات زیســت‌محیطی از اهمیت بالایــی برخوردارند. پس جای تعجب نیست که پرستندگان قوم اسرائیل در سروده‌هاشان همیشه جایگاه مهمی را به احیای خلقــت اختصاص می‌دادند. مزمور ۹۶:۱۱-۱۳ را در کنار این بخش از یوئیل قرار دهید تا منظور مرا بهتر درک کنید.

اما برای قوم اســرائیل، یوئیل ۲:۲۵ قطعاً بیشــترین تســلی را به‌بار می‌آورد:

«سال‌هایی را که ملخ‌ها خوردند جبران خواهم کرد
یعنی همان لشکر عظیم من که به میان شما فرستادم.»

"جبران"، چه واژهٔ حیرت‌انگیزی. ایــن کلمه در اصل عبری معنایی خــاص دارد و بازپرداختی را که قانــون می‌طلبد، تداعی می‌کند. فرض کنید کار من سبب شــود که دیگری ضرر هنگفتی را تجربه کند. خدا به قوم اســرائیل می‌گوید که تاوان خسارت وارده را می‌پردازد، گویی خدا مجرم اســت! و باید جبران مافات کند. گویی به قوم اســرائیل بدهکار است. اما مطابق گفتهٔ یوئیل و سایر انبیا، این قوم اسرائیل است که دائماً در شــرارت و طغیان به‌سر می‌برد. اسرائیل قومی است که به‌دلیل رفتارهای مکرراً گناه‌آلود شایســتهٔ هیچ چیز جز تباهی نیست، اما این خدا است که قرض آنها را می‌پردازد!

در اینجا بار ســخن مثبت اســت، اما حتی از زاویــهٔ منفی نیز خدا بزرگوارانه عمل می‌کند.

«او (خدا) با ما مطابق گناهان‌مان رفتار نمی‌کند
و به ما بر حسب تقصیراتمان سزا نمی‌دهد.» (مزمور ۱۰:۱۰۳)

تنها صلیب مسیح است که نشان می‌دهد خدا چه بهایی را پرداخت کرده تا بتواند این‌گونه عمل کند. بله، این روایت فیض عظیم و بی‌نظیر خدا است. همین تصویر یوئیل که نمایان‌گر خدایی است که برای قوم نامستحق اسرائیل جبران مافات می‌کند، پرده از بخشش بی‌حد و حصر او برمی‌دارد. در اینجا با ترکیب زیبای رحمت و فیض خدا روبه‌رو هستیم، دو مفهوم همزاد که هریک به‌گونه‌ای خبر از محبت خدا می‌دهند. رحمت خدا آنچه را که سزاوار دریافتش هستیم به ما نمی‌دهد و فیض خدا چیزی را که سزاوارش نیستیم به ما می‌دهد.

یوئیل ۲۵:۲ آیهٔ مورد علاقهٔ مسیحیان طی قرون متمادی بوده است. این آیه قدرت خدا برای احیا و باز پس گرفتن همهٔ آن مواهبی است که در لعنت گناه از میان رفته‌اند. خدا می‌تواند ضرر و زیان را تبدیل به سود و زایایی کند. ولی از یاد نبریم که "ملخ‌ها" مجریان فرمان داوری الهی بودند. نباید از این متن برداشت اشتباه کرد و پنداشت که خدا به قومش وعدهٔ ثروت و سلامت بی‌وقفه می‌دهد. نباید فکر کرد که ایمانداران، دیگر درد و رنج و ناکامی را تجربه نخواهند کرد. اگرچه خدا حتی در بطن دردها و رنج‌های ما به عمل نیکوی خود ادامه می‌دهد. «همه چیزها با هم برای خیریت در کار است در حق آنان که خدا را دوست دارند و هیچ چیز قادر نخواهد بود ما را از محبت خدا که در خداوندِ ما مسیح عیسی است، جدا سازد» (رومیان ۲۸:۸-۳۹). این آیهٔ یوئیل از تبدیل و قدرت رهایی‌بخش خدا خبر می‌دهد، حتی زمانی که داوری قریب‌الوقوع به‌نظر می‌آید.

گناه هم در این جهان و هم در ابدیت عواقب خود را در پی دارد. گناه همه چیز را از بین می‌برد و جز ویرانی و تباهی چیزی باقی نمی‌گذارد. با همهٔ پیامدهای گناه نمی‌توان در این جهان برخورد کرد. اگر قاتلی مسیحی شود، مقتول به حیات باز نمی‌گردد. قربانیان عمل زنا، با ایمان آوردن

زناکاران، قربانی باقی می‌مانند. پس هرگز نباید ماحصل گناه را کم‌اهمیت بشماریم. اما با وجود این، شـــواهد بسیاری در کلام خدا وجود دارد که در آنها نه فقط گذشتهٔ دردناک پاک می‌شود (حزقیال ۱۸:۲۱-۲۲)، بلکه به مدد فیض خدا، رهایی از آن نیز روی می‌دهد و اغلب این امر به‌شکلی خیره‌کننده اتفاق می‌افتد.

در اینجا با وضعیتی بســیار جدی و در عین‌حال بسیار وسوسه‌کننده روبه‌رو هســـتیم. مسیحیان در خطر سازش با گناهان خود به‌سر می‌برند. اگـــر در این وضعیت، علی‌رغـــم جذابیت‌های آن، بماننـــد ملخ‌ها عمل تخریب را ادامه می‌دهند و زندگی را از سرســـبزی به خشکی و بی‌باری تبدیل می‌کنند. شـــادی، رشـــد و زایایی از زندگی‌مان رخت برمی‌بندد. امـــا توبهٔ اصیل و واقعی، نه تنها ما را در نهـــر پاک رحمت و فیض الهی پاک می‌ســـازد بلکه فراتر از آن، قدرت خدا آنچه را که هراس از دســـت دادنش را برای همیشـــه داشـــتیم، به ما باز می‌گرداند. من این نکته را در بطن تجربیـــات زندگی و خدمتی‌ام و تنها محض رحمت خدا دریافته‌ام. چند سال دیگر می‌خواهیم به ملخ‌ها اجازه دهیم تا محصول زندگی‌مان را غارت کنند؟ بیایید نزد خدا بازگردیم و وعدهٔ احیا را تجربه کنیم.

۳) حرمت خدا

خدا دعای قومش را می‌شـــنود و آنها را از داوری ترسناک خلاصی می‌دهد و مافات قوم اسرائیل را جبران می‌کند. دلیل دیگر این عمل الهی آن است که نام خدا در میان ملل سخره‌گر، احترام کرده شود. ملت‌ها باید بدانند که خدای واقعی و زنده کیســـت. حفـــظ حرمت نام خدا باید اول از قوم اسرائیل آغاز شـــود. زیرا جهانیان به‌واسطهٔ معرفت قوم اسرائیل، خدا را خواهند شـــناخت. حال به نقطهٔ اوج وعدهٔ خدا به قوم اسرائیل در یوئیل ۲:۲۷ توجه کنید:

«آنگاه خواهید دانست که من در میان اسرائیل هستم
و من یهوه خدای شمایم و دیگری نیست
و قوم من دیگر هرگز شرمسار نخواهند شد.»

عمل نجات‌بخش خدا منجر به شناسایی بیشتر او می‌شود. حضور منحصربه‌فرد خدا در میان قومش به شناختی منحصربه‌فرد ختم می‌شود و این حضور، شرم را از قوم اسرائیل برمی‌دارد. ملل، قوم اسرائیل را مِلک خاص خدا می‌دیدند و خدا نیز خود را متعلق به قوم اسرائیل می‌دید. از این‌رو میان خدا و قوم اسرائیل رابطه‌ای خاص برقرار بود.

در اینجا با نکته‌ای مهم پیرامون مأموریت قوم اسرائیل مواجه هستیم. اگر خدا خود را به قوم اسرائیل می‌شناساند، پس ملل دیگر نزد قوم اسرائیل می‌توانند به شناخت خدا نایل آیند. در واقع، از همان ابتدا خدا قوم اسرائیل را به‌همین دلیل به‌وجود آورد و دعوت به‌خدمت کرد تا نور ملت‌ها باشد. خدا به‌واسطهٔ قوم اسرائیل خود و مقاصد نجات‌بخشش را به اقصای جهان می‌نمایاند. پس از این منظر، حتی داوری الهی نیز در راستای عمل نجات‌بخش خدا و شناساندن خود به همگان قرار می‌گیرد.

حال می‌توان به نقطهٔ اوج باب ۲ پرداخت. در یوئیل ۲:‏۲۸-۳۲، خطر قریب‌الوقوع بلای ملخ‌ها سپری شده است ولی جالب است که یوئیل افق‌هایی فراتر از صرفاً یک احیای ملی و اقتصادی ترسیم می‌کند. در این بخش یوئیل قصد نهایی خدا را برملا می‌سازد، قصدی که وسعت برکتش در ماورای همهٔ تصورات در حرکت است. عبارت «پس از آن» (یوئیل ۲:‏۲۸) مُعرفِ زمان و یا تاریخ خاصی نیست و چشم‌اندازی نو را در آینده به تصویر می‌کشد. اینجا به موضوع اصلی این فصل که همانا «آمدن روح خدا است» می‌رسیم. یوئیل از چه آمدنی سخن می‌گوید و آن را چگونه ترسیم می‌کند؟ حال در فضای توبه و بخشش واقعی آماده‌ایم تا معنای ریزش روح خدا را چنان که پطرس آن را در روز پنطیکاست می‌دید بفهمیم.

برکت جهان‌شمول (یوئیل ۲:‏۲۸-۳۲). «آنگاه خواهید دانست» (یوئیل ۲:‏۲۷). این عبارت در بسیاری دیگر از متون عهدعتیق خطاب به ملت‌ها است، «آنگاه ملل خواهند دانست.» سؤالی که با آن روبه‌روییم این است که این امر چگونه روی می‌دهد؟ شناخت خدا چگونه گسترش می‌یابد؟ پاسخ این بخش ریزش سرشار روح خدا بر همهٔ اقشار مردم

است. قدرت خدا به‌واسطهٔ روحش بر همگان به‌گونه‌ای قرار می‌گیرد که نبوت از زبان آنها جاری می‌شود.

وعدهٔ خدا در آیات پیشین، ریزش باران بر زمین تشنه و احیای حیات گیاهی در فضایی بود که هجوم ملخ‌ها چیزی جز ویرانی و بی‌باری به‌جا نگذاشته بود. اما این بار نه نزول باران طبیعی بلکه ریزش فوق‌طبیعی روح خدا در کار است. و حال می‌دانیم که آمدن روح‌القدس برای ایمانداران در عهدعتیق به چه معناست. این همان روحی است که خلقت را به‌وجود می‌آورد و آن را زنده نگاه می‌دارد. این همان روحی است که به انبیا الهام می‌بخشد تا حقیقت را بیان کنند و بر اجرای عدالت پافشاری نمایند. این همان روحی است که پادشاه خدمتگزار آتی را مسح می‌کند و سرانجام این همان روحی است که بر تمامی بشر فرو خواهد ریخت!

یوئیل دربارهٔ ریزش روح خدا به سه تأثیر چشم‌گیر می‌پردازد که جهان‌شمولند، بر کائنات اثر می‌گذارند و نجات‌بخشند. حال به توصیف اِجمالی هریک می‌پردازیم.

۱) تأثیر جهان‌شمول

آیا تمنای موسی در کتاب اعداد را به‌یاد دارید؟ زمانی که با گرانباری گفت: «کاش که تمامی قوم خداوند نبی بودند و خداوند روح خود را بر ایشان افاضه می‌کرد» (اعداد ۲۹:۱۱). حال یوئیل به موسی می‌گوید که تمنایت اجابت شد. خداوند روح خود را فرو خواهد ریخت. برکت خدا در یوئیل رؤیای موسی را به واقعیت تبدیل کرد. روح خدا در دسترس تمامی بشر خواهد بود.

> «پس از آن، روح خود را بر تمامی بشر فرو خواهم ریخت؛ پسران و دختران شما نبوت خواهند کرد، پیرانتان خوابها و جوانانتان رویاها خواهند دید. نیز در آن روزها حتی بر غلامان و کنیزان، روح خود را فرو خواهم ریخت.» (یوئیل ۲:۲۸-۲۹)

جهان‌شمول بودن ریزش روح‌القدس در این آیات مشهود است. یوئیل عبارت «بر تمامی بشر» را به سه شکل برجسته به‌کار می‌برد. اول جنسیت ذکر می‌شود، و روح بر مردان و زنان و یا پسران و دختران قرار می‌گیرد. سپس سِن مطرح می‌شود و پیران و جوانان به میان می‌آیند. و در پایان غلامان، چه مرد چه زن، را در بر می‌گیرد. به بیانی دیگر، هیچ تمایزی بین قوم خدا و دیگر اقوام وجود ندارد. هیچ تمایز جنسیتی، سنی و طبقاتی در کار نیست. همگان امکانی برابر در برخورداری از روح خدا دارند. این متن مرا به‌یاد متنی مشابه در گفتار پولس می‌اندازد:

> «دیگر نه یهود معنی دارد نه یونانی، نه غلام نه آزاد، نه مرد و نه زن، زیرا شما همگی در مسیح عیسی یکی هستید.» (غلاطیان ۲۸:۳)

شایان توجه است که پولس در این متن نسل ابراهیم، یعنی مؤمنان به مسیح، را با وعدهٔ روح پیوند می‌دهد (غلاطیان ۱۴:۳). این روح‌القدس است که در قلب‌هامان شهادت می‌دهد که ما فرزندان خدا هستیم (غلاطیان ۶:۴). پطرس نیز همین مطلب را در روز پنطیکاست به مخاطبانش گفت.

۲) تأثیر بر کائنات

عملکرد روح خدا تنها مردم را در قلمرو بشری در بر نمی‌گیرد. یوئیل از تأثیر گذاشتن بر کائنات سخن می‌گوید.

> «در آسمان و بر زمین عجایب به‌ظهور خواهم آورد، از خون و آتش و ستون‌های دود. پیش از فرا رسیدن روز عظیم و مهیب خداوند، خورشید به تاریکی و ماه به خون بدل خواهد شد.» (یوئیل ۲:۳۰-۳۱)

نویسندگان کتاب‌مقدس از این نوع زبان زمانی استفاده می‌کردند که می‌خواستند رخدادی بس شگرف را پیش‌بینی و توصیف کنند. گاه مرادشان پیش آمدن وقایع به‌شکل تحت‌اللفظی بود، مثل زلزله یا آتشفشان. اسرائیلی‌یان چنین صحنه‌هایی را در پای کوه سینا عیناً تجربه کرده بودند.

اما این زبان اغلب حالتی اســتعاری دارد و بیان‌گر امری اســت که زمین را شــدیداً به جنبش می‌آورد. گویی کائنات جملگی به لرزش درمی‌آیند. نمونهٔ چنین گویشــی را در مزمور ۱۸:۷-۱۵ و ۹۷:۵ می‌بینیم. امروزه نیز در توصیف وقایع سیاســی عظیم از واژگانی همچون "فاجعه‌ای جهانی" استفاده می‌شود. گاه در توصیف یک واقعه یا نبرد تاریخی مهم از عباراتی چون "نقطهٔ عطفی در تاریخ بشــر" یا "رویارویی بــا ورطه‌ای هولناک" ســخن به‌میان می‌آید. همگی این عبارات به تغییری مهم در حیات بشر اشاره دارند.

پس از یک‌سو یوئیل با زبان آشنای نبوتی سخن می‌گوید و احتمالاً از خواننده انتظار ندارد که متن را تحت‌الفظی درک کند. پطرس نیز به‌طور قطع همین منطق را دنبال می‌کند، چون اگر در روز پنطیکاست خورشید و ماه تاریک و اورشــلیم از آتش و دود و خون پر شده بود، مردم از امور دیگری سخن می‌گفتند. اگر ماه و خورشید تاریک می‌شدند، توجه جمع نه به شــاگردان، که برخی فکر می‌کردند مست شده‌اند و الفاظی نامعلوم به زبان می‌آوردند، بلکه به امور دیگر جلب می‌شد.

اما از سوی دیگر نمی‌توان گفتار یوئیل را صرفاً به‌عنوان بیانی مبالغه‌آمیز و ادبی خلاصه کرد. اولاً، خلقت به واقعهٔ مرگ و قیام مسیح واکنش نشان داد. خورشــید در ساعات پایانی حیات مســیح بر صلیب تاریک شد و زمین چه به هنگام مرگ و چه در زمان قیام مسیح به جنبش درآمد. ثانیاً، از یــاد نبریم که کتاب‌مقدس عملکرد نجات‌بخش خدا (از جمله ریزش روح‌القدس) را برای همــهٔ کائنات می‌بیند. پولس به ما می‌گوید که خدا از طریق صلیب تمام خلقت را (همه چیز را چه در آســمان چه بر زمین) با خود آشتی می‌دهد (کولسیان ۱:۲۰). و ریزش روح خدا پس از واقعهٔ قیام، طلیعه‌دار خلقت تازه است. جهانی کاملاً نوین در یکشنبهٔ قیام زاده شد و نیز عصری تازه با ریزش روح خدا در روز پنطیکاست آغاز گشت. و پطرس به‌درســتی برای این رخدادها اهمیتی قائل اســت که کائنات را در بر می‌گیــرد، زیرا تمام خلقت را تحــت تأثیر قرار می‌دهد. پطرس به‌همین دلیل می‌تواند برای جماعت شــگفت‌زده (از نزول روح‌القدس

در میان شاگردان)، دو واژه را با جسارت به‌هم ربط دهد و بگوید "این"، "همان" است که یوئیل نبی گفت (اعمال رسولان ۱۶:۲). سپس پطرس متن مورد بررسی ما در یوئیل را نقل می‌کند و پس از آن داستان مسیح را به میان می‌آورد. در نقطهٔ اوج داستان مسیح، قیام و صعود او به‌عنوان حقایقی که تمام کائنات را در بر می‌گیرند، مطرح می‌شوند:

«او به‌دست راست خدا بالا برده شد و از پدر، روح‌القدسِ موعود را دریافت کرده، این را که اکنون می‌بینید و می‌شنوید، فرو ریخته است.» (اعمال رسولان ۳۳:۲)

پولس همین منطق الهیاتی را در رومیان ۱۸:۸-۲۴ دنبال می‌کند. در اینجا تمامی خلقت در تقلای کسب رهایی کامل، آه می‌کشد. پولس تمامی کائنات را درگیر در این تمنای دردناک می‌بیند. اگر به نقش روح‌القدس در این متن دقت کنید درمی‌یابید که روح خدا تمامی کائنات را به سمت جلو یعنی تحقق نقشهٔ جامع خدا می‌برد. روح خدا خود شریک این تمنای جان‌سوز است و به‌عنوان "نوبر" و "ضامن"، آیندهٔ مبارکی به وسعت تمامی کائنات را متحقق می‌سازد.

۳) گسترهٔ نجات

سرانجام به قُلهٔ سخن یوئیل، پطرس و در واقع به اوج موضوع این کتاب می‌رسیم:

«و هر که نام خداوند را بخواند، رهایی خواهد یافت؛ زیرا بر کوه صَهیون و در اورشلیم رهایی یافتگانی خواهند بود، همان‌گونه که خداوند فرموده، و در میان بازماندگان، کسانی که خداوند ایشان را فرا خوانده است.» (یوئیل ۳۲:۲)

آیا می‌توانید تصور کنید که متنی که با وحشت محض آغاز شد، حال با بیان چنین وعده‌ای به پایان برسد؟ بیایید دوباره به سخنان هشداردهندهٔ یوئیل در آغاز باب توجه کنیم:

۱۵۲ فصل پنجم

«همهٔ ساکنان این سرزمین بر خود بلرزند
زیرا که روز خداوند می‌آید و به واقع نزدیک شده است
روز تیره و تاریک
روز ابرها و تاریکی غلیظ.» (یوئیل ۲:‏۱-۲)

باب دوم کتاب یوئیل با اشـــاره‌ای دیگر بـــه روز خداوند در ۳۱:۲ به پایان می‌رســـد. اما این بار مفهوم روز خداوند کاملاً تغییر یافته اســـت. در اینجا روز خداوند بار امید دارد و خجســـته اســـت. حال، نجات در دســـترس همگانی اســـت که نام خداوند را بخوانند. طالبان نجات باید نزد یهوه با توبـــه‌ای اصیل باز گردند. توبه‌ای که بر فیض، عهد و حرمت خدا اســـتوار است. ما این نکته را در یوئیل ۲:‏۱۲-۱۷ دیدیم. و نیز شاهد دگرگونـــی حیرت‌انگیزی در این باب پیرامـــون جهت‌گیری خدا بودیم. یهـــوه خداوندگاری کـــه از ابتدا به‌عنوان داور و مجـــری داوری از آغاز کتاب تا ۱۱:۲ جلوه می‌کرد، تبدیل به منجیِ همگانی می‌شـــود که نامش را می‌خوانند.

پطرس ایـــن آیه از یوئیل را خطاب به یهودیانـــی به‌کار می‌برد که از مناطق حوالی دریای مدیترانه در اورشـــلیم جمع شده‌اند و نجاتی را که یوئیل وعده‌اش را می‌دهد در مسیح تحقق‌یافته می‌بینید. یوئیل و پطرس هر دو در این نکتهٔ اشـــتراک نظر دارند که این نجات نه فقط از آن کسانی است که خداوند را می‌خوانند، بلکه اکنون در پرتو ریزش روح خدا، این خدا است که آنان را فرا می‌خواند (یوئیل ۳۲:۲ و اعمال رسولان ۳۹:۲). بـــرای دریافت این نجات مردم باید توبه‌ای واقعی کنند و جهت آمرزش گناهان، به‌نام مســـیح تعمید آب بگیرند. پطرس می‌گوید اگر این کارها را انجام دهید «عطای روح‌القدس را خواهید یافت.» (اعمال رسولان ۳۸:۲)

پولـــس از این هم فراتـــر می‌رود و دلالت‌های جهان‌شـــمول نجات به‌واســـطهٔ قوم اسرائیل در مسیح را به‌روشـــنی بیان می‌کند. برای پولس نقشـــهٔ خدا برای قوم اسرائیل، نقشـــهٔ خدا برای کل جهان است. هدیهٔ نجات به قوم اســـرائیل دورنمای اعطای نجات به کل بشـــر است. زیرا

خدا هدفی فراتر از نجات قوم اسـرائیل داشـت و در واقع برای نجات جهان این قوم را برگزیده بود. به همین‌سان، خدا برای نجات جهان یگانه پسرش را به جهان فرستاد.

> اگر به زبان خود اعتراف کنی «عیسـی خداوند اسـت» و در دل خود ایمان داشته باشی که خدا او را از مردگان برخیزانید، نجات خواهی یافت. زیرا در دل است که شخص ایمان می‌آورد و پارسا شمرده می‌شود، و با زبان است که اعتراف می‌کند و نجات می‌یابد. چنانکه کتاب می‌گوید: «هر که بر او توکل کند، سرافکنده نشود.» زیرا میان یهود و یونانی تفاوتی نیسـت، چرا که همان خداوند، خداوندِ همه است و همهٔ کسانی را که او را می‌خوانند، به فراوانی برکت می‌دهد. زیرا «هر که نام خداوند را بخواند، نجات خواهد یافت.» (رومیان ۱۰:۹-۱۳)

«نام خداونـد.» برای یوئیل، یهوه خدای قوم اسـرائیل بود، اما مراد پولس به‌وضوح عیسای خداوند اسـت. پولس به‌روشنی اذعان می‌دارد که اعتراف خداوندی عیسـی، ملاک اصلی نجات فرد است. در حقیقت عبارت «عیسـی خداوند اسـت» در زمـرهٔ کوتاه‌تریـن و قدیمی‌ترین اعتقادنامه‌های مسیحی به‌شمار می‌رود. در اینجا، همچون در بسیاری از بخش‌های عهدجدید، کلماتی که توسط یهوه خدای اسرائیل یا دربارهٔ او بیان می‌شود، به‌راحتی به عیسی ناصری اطلاق می‌گردد. عیسی به‌راستی خدا با ما و عمانوئیل اسـت. عیسی شریک هویت خدای واقعی و زندهٔ قوم اسـرائیل است. عیسی در هویت خدای حقیقی و زندهٔ قوم اسرائیل، که او را می‌پرستیدند و بر او امید داشتند، سهیم می‌شود.

چه امری سبب می‌شود که شـخص به خداوندی مسیح در دل و به زبان اعتـراف کند؟ بدون حضور و عمل روح‌القدس، این امر غیرممکن اسـت. زیرا همان‌گونه که مسـیح گفت، روح‌القدس است که «جهان را به‌لحـاظ گناه و عدالـت و داوری ملزم می‌سـازد» (یوحنا ۱۶:۸). پس این روح خدا اسـت که ضرورت نیاز به نجات در مسـیح را برای مردم

آشکار می‌سازد. و همان‌طور که پولس می‌گوید: «هیچ‌کس جز به‌واسطهٔ روح‌القدس نمی‌تواند بگوید عیسی خداوند است» (اول قرنتیان ۱۲:۳). یوئیل نیز با این مسئله کاملاً موافق بود.

نتیجه‌گیری

نزول روح‌القدس در روز پنطیکاست، انتظارات بسیار پیرامون آمدن روح خدا را محقق می‌ساخت. در این فصل دیدیم که انبیای قوم اسرائیل چشم به راه تحولی بودند که همهٔ سطوح حیات را مطابق وعده‌های الهی در بر بگیرد- تغییراتی در سطح کائنات، مسائل زیست‌محیطی، بین‌المللی، اخلاقی، روحانی و شخصی- که هیچ عرصه‌ای از هستی را دست‌نخورده باقی نمی‌گذارد. شایان ذکر است که برای فهم روشن‌تر تحقق نبوت‌های مربوط به روح‌القدس، نباید از توجه به اصلی مهم غفلت ورزید و آن درک تنشی است که از آغاز پادشاهی خدا در خدمت مسیح به‌چشم می‌خورد. تنشی که می‌توان آن را «هم‌اکنون ولی نه‌هنوز» تعریف کرد. پادشاهی خدا آغاز شده اما هنوز به کمال نرسیده است. روح خدا نازل شده ولی هنوز تحقق نهایی وعده‌های پیرامونش به کمال رخ نداده است. آنچه اکنون شاهدیم کار روح خدا در دعوت به توبه، پذیرش بخشش و برخورداری از احیای الهی است. شهادت متحد کلام در هر دو عهد و در گفتار یوئیل و مسیح بر این امر گواهی می‌دهد.

در پایان سفر مهیج کشف روح خدا در کلام و به‌خصوص عهدعتیق، شایسته است بحث خود را با کار مورد علاقهٔ روح خدا به پایان رسانیم که همانا هدایت اشخاص به‌سوی دریافت نجات در مسیح است. گسترهٔ عمل روح‌القدس از خلقت آغاز می‌شود و تا برقراری آفرینش نو تداوم می‌یابد. روح خدا ما را برای اجرای خواست خدا توانمند می‌سازد و برای انجام مأموریت او مسح می‌کند. روح‌القدس با اِعطای پیام‌های نبوتی، نقشهٔ خدا را برای قومش آشکار می‌کند. باشد که از این پَس دیگر از او که یکی از شخصیت‌های تثلیث اقدس است غافل نباشیم و قدرشناس

عمل و شخصیت منحصربه‌فردش در افقی بس وسیع‌تر از گذشته باشیم. دیگر نباید برای او نقشی محدود در خدمت و پرستش قائل بود. اما فراتر از هر امر دیگر، چون خدا پدر رهایی‌بخش و عیسی پسر رهایی‌بخش است، پس می‌توان در روح رهایی‌بخش خدا وجد و شادی کرد. روحی که از جانب پدر و پسر بر مردان و زنان، پسران و دختران، پیر و جوان نازل می‌شود تا آنها را به‌سوی تنها منجی بشریت هدایت کند.